바로보인

전傳등燈록錄

19

농선 대원 역저

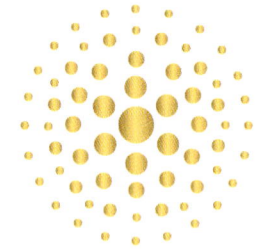

이 원상은 농선 대원 선사님께서 직접 그리신 것으로 모든 불성
이 서로 상즉해 공존하는 원리를 담은 것이다.

선 심(禪心)

누리 삼킨 참나를
낙화(落花)로 자각(自覺)
떨어지는 물소리로 웃고 가는 길
돌에서 꽃에서도 님이 맞는다

 정맥 선원의 문젠 마크는 농선 대원 선사님께서 마음을 상징하는 달(moon)과 그 마음을 깨달아 마음이 내가 된 삶인 선(zen)을 평화의 상징인 비둘기로 형상화 하신 것이다.

교조 석가모니 부처님과
부처님으로부터 직계로 내려온
불조정맥 78대 조사들의
진영과 전법게

 불조정맥

　불조정맥이란 석가모니 부처님으로부터 현 78대 조사에 이르기까지 스승에게 깨달음의 인증인 인가를 받아 법을 전하라는 부촉을 받은 전법선사의 맥이다. 여기에 실린 불조진영과 전법게는 농선 대원 선사님께서 다년간 수집 정리하여 기도와 관조 끝에 완성하여 수립하신 것이다. 각 선사의 진영과 함께 실린 전법게는 스승으로부터 직접 전해 받은 게송이다. 단, 석가모니 부처님 진영에 실린 게송은 석가모니 부처님의 게송이다.

교조 석가모니 부처님

환화라고 하는 것 근본 없어 생긴 적도 없어서　　幻化無因亦無生
모두가 스스로 이러-해서 본다 함도 이러-하네　　皆則自然見如是
모든 법도 스스로 화한 남, 아닌 것이 없어서　　諸法無非自化生
환화라 하지만 남이 없어 두려워할 것도 없네　　幻化無生無所畏

제1조   마하가섭 존자

법이라는 본래 법엔 법이랄 것 없으나	法本法無法
법이랄 것 없다는 법, 그 또한 법이라	無法法亦法
이제 법이랄 것 없음을 전해줌에	今付無法時
법이라는 법인들 그 어찌 법이랴	法法何曾法

제2조   아난다 존자

법이란 법 본래의 법이라	法法本來法
법도 없고 법 아님도 없으니	無法無非法
어떻게 온통인 법 가운데	何於一法中
법 있으며 법 아닌 것 있으랴	有法有非法

제3조   상나화수 존자

본래의 법 전함이 있다 하나	本來付有法
전한 말에 법이랄 것 없다 했네	付了言無法
각자가 스스로 깨달으라	各各須自悟
깨달으면 법 없음도 없다네	悟了無無法

제4조   우바국다 존자

법 아니고 마음도 아니어서	非法亦非心
맘이랄 것, 법이랄 것 없나니	無心亦無法
마음이다, 법이다 설할 때는	說是心法時
그 법은 마음법이 아니로다	是法非心法

제5조   제다가 존자

마음이란 스스로인 본래의 마음이니	心自本來心
본래의 마음에는 법 있는 것 아니로다	本心非有法
본래의 마음 있고 법이란 것 있다 하면	有法有本心
마음도 아니요 본래 법도 아니로다	非心非本法

제6조 미차가 존자

본래의 마음법을 통달하면	通達本心法
법도 없고, 법 아님도 없도다	無法無非法
깨달으면 깨닫기 전과 같아	悟了同未悟
마음이니, 법이니 할 것 없네	無心亦無法

제7조 바수밀 존자

맘이랄 것 없으면 얻음도 없어서	無心無可得
설함에 법이라 이름할 것도 없네	說得不名法
만약에 맘이라 하면 마음 아님 깨달으면	若了心非心
비로소 마음인 마음법 안다 하리	始解心心法

제8조 불타난제 존자

가없는 마음으로	心同虛空界
가없는 법 보이니	示等虛空法
가없음을 증득하면	證得虛空時
옳고 그른 법이 없다	無是無非法

제9조 복타밀다 존자

허공이 안팎 없듯	虛空無內外
마음법도 그러하다	心法亦如此
허공이치 요달하면	若了虛空故
진여이치 통달하네	是達眞如理

제10조 파율습박(협) 존자

진리란 본래에 이름할 수 없으나	眞理本無名
이름에 의하여 진리를 나타내니	因名顯眞理
받아 얻은 진실한 법이라고 하는 것	受得眞實法
진실도 아니요, 거짓도 아니로세	非眞亦非僞

제11조 부나야사 존자

참된 몸 스스로 이러-히 참다우니	眞體自然眞
참됨을 설함으로 인해 진리란 것 있다 하나	因眞說有理
참답게 참된 법을 깨달아 얻으면	領得眞眞法
베풀 것도 없으며 그칠 것도 없다네	無行亦無止

제12조 아나보리(마명) 존자

미혹과 깨침이란 숨음과 드러남 같다 하나	迷悟如隱顯
밝음과 어둠이 서로가 여읠 수 없는 걸세	明暗不相離
이제 숨음이 드러난 법 부촉한다지만	今付隱顯法
하나도 아니요, 둘도 또한 아니로세	非一亦非二

제13조 가비마라 존자

숨었느니 드러났느니 하지만 본래의 법에는	隱顯卽本法
밝음과 어두움이 원래에 둘 아니라	明暗元不二
깨달아 마친 법을 전한다고 하지만	今付悟了法
취함도 아니요, 여읨도 아니로세	非取亦非離

제14조 나가르주나(용수) 존자

숨을 수도, 드러날 수도 없는 법이라 함	非隱非顯法
이것이 참다운 실제를 말함이니	說是眞實際
숨음이 드러난 법 깨달았다 하나	悟此隱顯法
어리석음도 아니요 지혜로움도 아니로다	非愚亦非智

제15조 가나제바 존자

숨었느니 드러났느니 하면 법에 밝다 하랴	爲明隱顯法
밝게 해탈의 이치를 설하려면	方說解脫理
저 법에 증득한 바도 없는 마음이어야 하니	於法心不證
성낼 것도 없으며 기쁠 것도 없다네	無嗔亦無喜

제16조　라후라타 존자

본래에 법을 전할 사람 대해	本對傳法人
해탈의 진리를 설하나	爲說解脫理
법엔 실로 증득한 바 없어서	於法實無證
마침도 비롯함도 없느니라	無終亦無始

제17조　승가난제 존자

법에는 진실로 증득한 바 없어서	於法實無證
취함도 없으며 여읨도 없느니라	不取亦不離
법에는 있다거나 없다는 상도 없거늘	法非有無相
안이니 밖이니 어떻게 일으키리	內外云何起

제18조　가야사다 존자

맘 바탕엔 본래에 남 없거늘	心地本無生
바탕의 인, 연을 쫓아 일으키나	因地從緣起
연과 종자 서로가 방해 없어	緣種不相妨
꽃과 열매 그 또한 그러하네	華果亦復爾

제19조　구마라다 존자

마음의 바탕에 지닌 종자 있음에	有種有心地
인과 연이 능히 싹 나게 하지만	因緣能發萌
저 연에 서로가 걸림이 없어서	於緣不相礙
마땅히 난다 해도 남이 남 아니로세	當生生不生

제20조　사야다 존자

성품에는 본래에 남 없건만	性上本無生
구하는 사람 대해 설할 뿐	爲對求人說
법에는 얻은 바 없거늘	於法旣無得
어찌 깨닫고, 깨닫지 못함을 둘 것인가	何懷決不決

제21조　바수반두 존자

말 떨어지자마자 무생에 계합하면	言下合無生
저 법계와 성품이 함께 하리니	同於法界性
만일 능히 이와 같이 깨친다면	若能如是解
궁극의 이변 사변 통달하리	通達事理竟

제22조　마노라 존자

물거품과 환 같아 걸릴 것도 없거늘	泡幻同無礙
어찌하여 깨달아 마치지 못했다 하는가	如何不了悟
그 가운데 있는 법을 통달하면	達法在其中
지금도 아니요, 옛 또한 아니니라	非今亦非古

제23조　학륵나 존자

마음이 만 경계를 따라서 구르나	心隨萬境轉
구르는 곳마다 실로 능히 그윽함에	轉處實能幽
성품을 깨달아서 흐름을 따르면	隨流認得性
기쁠 것도 없으며 근심할 것도 없네	無喜亦無憂

제24조　사자보리 존자

마음의 성품을 깨달음에	認得心性時
사의할 수 없다고 말하나니	可說不思議
깨달아 마쳐서는 얻음 없어	了了無可得
깨달아선 깨달았다 할 것 없네	得時不說知

제25조　바사사다 존자

깨달음의 지혜를 바르게 설할 때에	正說知見時
깨달음의 지혜란 이 마음에 갖춘 바라	知見俱是心
지금의 마음이 곧 깨달음의 지혜요	當心卽知見
깨달음의 지혜가 곧 지금의 함일세	知見卽于今

제26조 불여밀다 존자

성인이 말하는 지견은	聖人說知見
경계를 맞아서 시비 없네	當境無是非
나 이제 참성품 깨달음에	我今悟眞性
도랄 것도, 이치랄 것도 없네	無道亦無理

제27조 반야다라 존자

맘 바탕에 참성품 갖췄으나	眞性心地藏
머리도, 꼬리도 없으니	無頭亦無尾
인연 응해 만물을 교화함을	應緣而化物
지혜라고 하는 것도 방편일세	方便呼爲智

제28조 보리달마 존자

마음에서 모든 종자 냄이여	心地生諸種
일(事)로 인해 다시 이치 나느니라	因事復生理
두렷이 보리과가 원만하니	果滿菩提圓
세계를 일으키는 꽃 피우리	華開世界起

제29조 신광 혜가 대사

내가 본래 이 땅에 온 것은	吾本來此土
법을 전해 중생을 구함일세	傳法救迷情
한 송이에 다섯 꽃잎 피리니	一花開五葉
열매 맺음 자연히 이뤄지리	結果自然成

제30조 감지 승찬 대사

본래의 바탕에 연 있으면	本來緣有地
바탕의 인에서 종자 나서 꽃핀다 하나	因地種華生
본래엔 종자가 있은 적도 없어서	本來無有種
꽃핀 적도 없으며 난 적도 없다네	華亦不曾生

제31조 대의 도신 대사

꽃과 종자 바탕으로 인하니	華種雖因地
바탕을 쫓아서 종자와 꽃을 내나	從地種華生
만약에 사람이 종자 내림 없으면	若無人下種
남 없어 바탕에 꽃핀 적도 없다 하리	華地盡無生

제32조 대만 홍인 대사

꽃과 종자 성품에서 남이라	華種有生性
바탕으로 인해서 나고 꽃피우니	因地華生生
큰 연과 성품이 일치하면	大緣與性合
그 남은 나도 남 아니로세	當生生不生

제33조 대감 혜능 대사

정 있어 종자를 내림에	有情來下種
바탕 인해 결과 내어 영위하나	因地果還生
정이랄 것도 없고 종자랄 것도 없어서	無情旣無種
만물의 근원인 도의 성품엔 또한 남도 없네	無性亦無生

제34조 남악 회양 전법선사

마음의 바탕에 모든 종자 머금어져	心地含諸種
널리 비 내림에 모두 다 싹트도다	普雨悉皆生
단박에 깨달아 정을 다한 꽃피움에	頓悟華情已
보리의 과위가 스스로 이뤄졌네	菩提果自成

제35조 마조 도일 전법선사

마음의 바탕에 모든 종자 머금어져	心地含諸種
비와 이슬 만남에 모두 다 싹이 트나	遇澤悉皆萌
삼매의 꽃핌이라 형상이 없거늘	三昧華無相
무엇이 무너지고 무엇이 이뤄지랴	何壞復何成

제36조   백장 회해 전법선사

마음 외에 본래에 다른 법이 없거늘	心外本無法
부촉함이 있다 하면 마음법이 아닐세	有付非心法
원래에 마음법 없음을 깨달은	旣知非法心
이러-한 마음법을 그대에게 부촉하네	如是付心法

제37조   황벽 희운 전법선사

본래에 말로는 부촉할 수 없는 것을	本無言語囑
억지로 마음의 법이라 전함이니	强以心法傳
그대가 원래에 받아 지닌 그 법을	汝旣受持法
마음의 법이라고 다시 어찌 말하랴	心法更何言

제38조   임제 의현 전법선사

마음의 법 있으면 병이 있고	病時心法在
마음의 법 없으면 병도 없네	不病心法無
내 부촉한 마음의 법에는	吾所付心法
마음의 법 있는 것 아니로세	不在心法途

제39조   흥화 존장 전법선사

지극한 도는 간택함이 없으니	至道無揀擇
본래의 마음이라 향하고 등짐이 없느니라	本心無向背
이 같음을 감당해 이으려는가?	便如此承當
봄바람에 곤한 잠을 더하누나	春風增瞌睡

제40조   남원 혜옹 전법선사

대도는 온통 맘에 있다지만	大道全在心
맘에 구함 있으면 그르치네	亦非在心求
그대에게 부촉한 자심의 도에는	付汝自心道
기쁨도 근심도 없느니라	無喜亦無憂

제41조 풍혈 연소 전법선사

나 이제 법 없음을 말하노니　　　我今無法說
말한 바가 모두 다 법 아니라　　　所說皆非法
법 없는 법 지금에 부촉하니　　　今付無法法
이 법에도 머무르지 말아라　　　不可住于法

제42조 수산 성념 전법선사

말한 적도 없어야 참법이니　　　無說是眞法
이 말함은 원래에 말함 없네　　　其說元無說
나 이제 말한 적도 없을 때　　　我今無說時
말함이라 말한들 말함이랴　　　說說何曾說

제43조 분양 선소 전법선사

예로부터 말함 없음 부촉했고　　　自古付無說
지금의 나 또한 말함 없네　　　我今亦無說
다만 이 말함 없는 마음을　　　只此無說心
모든 부처 다 같이 말한 바네　　　諸佛所共說

제44조 자명 초원 전법선사

허공이 형상이 없다 하나　　　虛空無形像
형상도, 허공도 아닐세　　　形像非虛空
내 부촉한 마음의 법이란　　　我所付心法
공도 공한 공이어서 공 아닐세　　　空空空不空

제45조 양기 방회 전법선사

허공이 면목이 없듯이　　　虛空無面目
마음의 상 또한 이와 같네　　　心相亦如然
곧 이렇게 비고 빈 마음을　　　卽此虛空心
높은 중에 높다고 하는 걸세　　　可稱天中天

제46조 백운 수단 전법선사

마음의 본체가 허공같아	心體如虛空
법 또한 허공처럼 두루하네	法亦遍虛空
허공 같은 이치를 증득하면	證得虛空理
법도 아니요, 공한 맘도 아니로세	非法非心空

제47조 오조 법연 전법선사

도에는 나라는 나 원래 없고	道我元無我
도에는 맘이란 맘 원래 없네	道心元無心
오직 이 나라 함도 없는 법으로	唯此無我法
나라 함 없는 맘에 일체하네	相契無我心

제48조 원오 극근 전법선사

참나에는 본래에 맘이랄 것 없으며	眞我本無心
참마음엔 역시나 나랄 것 없으나	眞心亦無我
이러-히 참답게 참마음에 일체되면	契此眞眞心
나를 나라 한들 어찌 거듭된 나겠는가	我我何曾我

제49조 호구 소륭 전법선사

도 얻으면 자재한 마음이고	得道心自在
도 얻지 못하면 근심이라 하나	不得道憂惱
본래의 마음의 도 부촉함에	付汝自心道
기쁨도, 근심도 없느니라	無喜亦無惱

제50조 응암 담화 전법선사

맑던 하늘 구름 덮인 하늘 되고	天晴雲在天
비 오더니 젖어있는 땅일세	雨落濕在地
비밀히 마음을 부촉함이여	秘密付與心
마음법이란 다만 이것일세	心法只這是

제51조　밀암 함걸 전법선사

부처님은 눈으로써 별을 보고	佛用眼觀星
난 귀로써 소리를 들었도다	我用耳聽聲
나의 함이 부처님의 함과 같아	我用與佛用
내 밝음이 그대의 밝음일세	我明汝亦明

제52조　파암 조선 전법선사

부처와 더불어 중생의 보는 것이	佛與衆生見
원래 근본 부처인데 금 그은들 바뀌랴	元本佛隔線
그대에게 부촉한 본연의 마음법에는	付汝自心法
깨닫고 깨닫지 못함도 없느니라	非見非不見

제53조　무준 사범 전법선사

내가 만약 봄이 없다 할 때에	我若不見時
그대 응당 봄이 없이 보아라	汝應不見見
봄에 봄 없어야 본연의 봄이니	見見非自見
본연의 마음이 언제나 드러났네	自心常顯現

제54조　설암 혜랑 전법선사

진리는 곧기가 거문고줄 같다는데	眞理直如絃
어떻게 침묵이나 말로 다시 할 것인가	何默更何言
나 이제 그대에게 공교롭게 부촉하니	我今善付囑
밝힌 마음 본래에 얼음이 없는 걸세	表心本無得

제55조　급암 종신 전법선사

사람에겐 미혹하고 깨달음이 본래 없는데	本無迷悟人
미했느니 깨쳤느니 제 스스로 분별하네	迷悟自家計
젊어서 깨달았다 말이나 한다면	記得少壯時
늙어서까지라도 깨닫지 못할 걸세	而今不覺老

제56조 석옥 청공 전법선사

이 마음이 지극히 광대하여	此心極廣大
허공에 비할 수도 없다네	虛空比不得
이 도는 다만 오직 이러-하니	此道只如是
밖으로 찾음 쉬어 받아 지녔네	受持休外覓

제57조 태고 보우 전법선사

지극히 큰 이것인 이 마음과	至大是此心
지극히 성스러운 이것인 이 법이라	至聖是此法
등불과 등불의 광명처럼 나뉨 없음	燈燈光不差
이 마음 스스로가 통달해 마침일세	了此心自達

제58조 환암 혼수 전법선사

마음 중의 본연의 마음과	心中有自心
법 중의 지극한 법을	法中有至法
내가 지금 부촉한다 하나	我今可付囑
마음법엔 마음법이라 함도 없네	心法無心法

제59조 구곡 각운 전법선사

온통인 도, 마음의 광명이라 할 것도 없으나	一道不心光
과거, 현재, 미래와 시방을 밝힘일세	三際十方明
어떻게 지극히 분명한 이 가운데	何於明白中
밝음과 밝지 않음 있다고 하리오	有明有不明

제60조 벽계 정심 전법선사

나 지금 법 없음을 부촉하고	我無法可付
그대는 무심으로 받는다 하나	汝無心可受
전함 없고 받음 없는 맘이라면	無付無受心
누구라도 성취하지 못했다 하랴	何人不成就

제61조 벽송 지엄 전법선사

마음이 곧 깨달음의 마음이요	心卽能知心
법이 곧 깨달음의 법이라	法卽可知法
마음법을 마음법이라 전한다면	法心付法心
마음도, 법도 아닐세	非心亦非法

제62조 부용 영관 전법선사

조사와 조사가 법 없음을 부촉한다 하나	祖祖無法付
사람과 사람마다 본래 스스로 지님일세	人人本自有
그대는 부촉함도 없는 법을 받아서	汝受無付法
긴요히 뒷날에 전하도록 하여라	急着傳於後

제63조 청허 휴정 전법선사

참성품은 본래에 성품이라 할 것 없고	眞性本無性
참법은 본래에 법이라 할 것 없네	眞法本無法
법이니 성품이니 할 것 없음 깨달으면	了知無法性
어떠한 곳엔들 통달하지 못하랴	何處不通達

제64조 편양 언기 전법선사

법도 아니고 법 아님도 아니고	非法非非法
성품도 아니고 성품 아님도 아니며	非性非非性
마음도 아니고 마음 아님도 아님이	非心非非心
그대에게 부촉하는 궁극의 마음법일세	付汝心法竟

제65조 풍담 의심 전법선사

부처님이 전하신 꽃 드신 종지와	師傳拈花宗
내가 미소지어 보인 도리를	示我微笑法
친히 손수 그대에게 분부하니	親手分付汝
받들어 지녀 누리에 두루하게 하라	持奉遍塵刹

제66조　월담 설제 전법선사

깨달아선 깨달은 바 없으며	得本無所得
전해서는 전함 또한 없느니라	傳亦無可傳
전함도 없는 법을 부촉함이여	今付無傳法
동서가 온통한 하늘일세	東西共一天

제67조　환성 지안 전법선사

전하거나 받을 법이 없어서	無傳無受法
전하거나 받는다는 맘도 없네	無傳無受心
부촉하나 받은 바 없는 이여	付與無受者
허공의 힘줄마저 뽑아서 끊었도다	掣斷虛空筋

제68조　호암 체정 전법선사

연류에 따른 일단사여	沿流一段事
머리도 꼬리도 필경 없네	竟無頭與尾
사자새끼인 그대에게 부촉하니	付與獅子兒
사자후 천지에 가득케 하라	哨吼滿天地

제69조　청봉 거안 전법선사

서 가리켜 동에 그림이여	指西喚作東
풍악산의 뭇 봉우리로다	楓嶽山衆峰
불조의 이러한 법을	佛祖之此法
너에게 분부하노라	分付今日汝

제70조　율봉 청고 전법선사

머리도 꼬리도 없는 도리	無頭尾道理
오늘 그대에게 전해주니	今日傳授汝
이후로 보림을 잘 하여서	此後善保任
영원히 끊어짐이 없게 하라	永遠無斷絶

제71조 금허 법첨 전법선사

그믐날 근원에 돌아간다 말했으나	晦日豫言爲還元
법신에 그 어찌 가고 옴이 있으랴	法身何有去與來
푸른 하늘 해 있고, 못 가운데 연꽃일세	日在靑天池中蓮
이 법을 분부하니 끊어짐이 없게 하라	此法分付無斷絶

제72조 용암 혜언 전법선사

'연꽃이 나왔다' 하여 보인 큰 도리를	示出蓮之大道理
다시 또 뜰 밑 나무 가리켜 보여서	復亦指示庭下樹
후일의 크고 큰일 그대에게 부촉하니	後日大事與咐囑
잘 지녀 보림하여 끊어짐 없게 하라	保任善持無斷絶

제73조 영월 봉율 전법선사

사느니 죽느니 이 무슨 말들인고	生也死也是何言
물밭엔 연꽃이고 하늘엔 해일세	水田蓮花在天日
가없이 이러-해서 감출 수 없이 드러남	無邊無藏露如是
오늘 네게 분부하니 끊어짐 없게 하라	今日分付無斷絶

제74조 만화 보선 전법선사

봄산과 뜬구름을 동시에 보아라	春山浮雲觀同時
중생들의 이익될 바 그 가운데 있느니라	普益衆生在其中
이 가운데 도리를 이제 네게 부촉하니	此中道理今付汝
계승해 끊임없이 번성케 할지어다	繼承無斷爲繁盛

제75조 경허 성우 전법선사

하늘의 뜬구름이 누설한 그 도리를	浮雲漏泄其道理
오늘날 선자에게 부촉하여 주노니	今日咐囑與禪子
철저하게 보림하여 모범을 보임으로	保任徹底示模範
후세에 끊어짐이 없게 할 맘, 지니게나	後世無斷爲持心

제76조 만공 월면 전법선사

구름과 달, 산과 계곡이라, 곳곳에서 같음이여	雲月溪山處處同
선가의 나의 제자 수산의 큰 가풍일세	叟山禪子大家風
은근히 무문인을 그대에게 분부하니	慇懃分付無文印
이 기틀의 방편이 활안 중에 있노라	一段機權活眼中

제77조 전강 영신 전법선사

불조도 전한 바 없어서	佛祖未曾傳
나 또한 얻은 바 없음을…	我亦無所得
가을빛 저물어 가는 날에	此日秋色暮
뒷산의 원숭이가 울고 있네	猿嘯在後峰

제78대 농선 대원 전법선사

부처와 조사도 일찍이 전한 것이 아니거늘	佛祖未曾傳
나 또한 어찌 받았다 하며 준다 할 것인가	我亦何受授
이 법이 2천년대에 이르러서	此法二千年
널리 천하 사람을 제도하리라	廣度天下人

부처님으로부터 직계로 내려온 불조정맥 제78대 농선 대원 선사님

농선 대원 전법선사의 3대 서원

오로지 정법만을 깨닫기 서원합니다.
입을 열면 정법만을 설하기 서원합니다.
중생이 다하는 그날까지 교화하기 서원합니다.

성불사 국제정맥선원 대웅전

성불사 국제정맥선원은

농선 대원 선사님께서 주석하시는 곳으로

대원 선사님의 지도하에 비구스님들이

직접 지은 도량이다.

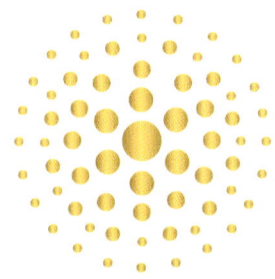

불교 8대 선언문

불교는 자신에게서 영생을 발견하게 한 유일한 종교이다.

불교는 자신에게서 모든 지혜를 발견하게 한 유일한 종교이다.

불교는 자신에게서 모든 능력을 발견하게 한 유일한 종교이다.

불교는 자신에게서 모든 것을 이루게 한 유일한 종교이다.

불교는 자신에게서 극락을 발견하게 한 유일한 종교이다.

불교는 깨달으면 차별 없어 평등하다는 유일한 종교이다.

불교는 모든 억압 없이 자신감을 갖게 한 유일한 종교이다.

불교는 그러므로 온 누리에 영원할 만인의 종교이다.

농선 대원 전법선사 주창

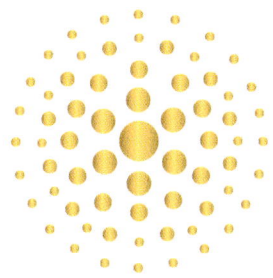

전세계의 불교계에서 통일시켜야 할 일

경전의 말씀대로 32상과 80종호를 갖춘 불상으로 통일해야 한다.

예불 드리는 법을 통일해야 한다.

불공의식을 통일해야 한다.

농선 대원 전법선사 주창

농선 대원 선사의 전등록 발간의 의의

선문(禪文)이란 말 밖의 말로 마음을 바로 가리켜 깨닫게 하여 그 깨달은 마음 바탕에서 닦아 불지(佛地)에 이르게 하는 문(門)이다. 그러기에 지식이나 알음알이로는 헤아려 알 수 없는 것이어서 깨달아 증득하여 일체종지(一切種智)를 이룬 이가 아니고는 그 요지를 바로 보아 이끌어 줄 수 없다.

지금 불교의 현실이 대본산 강원조차 이런 안목으로 이끌어 주는 선지식이 없어서 선종(禪宗) 최고의 공안집인 '전등록', '선문염송' 강의가 모두 폐강된 상황이다.

이에 대원 선사님께서는 불조(佛祖)의 요지가 말이나 글에 떨어져 생사해탈의 길이 단절되는 것을 염려하여 깨달음의 법을 선리(禪理)에 맞게 바로 잡는 역경 작업에 혼신을 다하고 계신다.

대원 선사님께서는 19세에 선운사 도솔암에서 활연대오한 후, 대선지식과의 법거량에서 한 치의 주저함도 없이 명쾌하게 응대하시니 당시 12대 선지식들께서 탄복해 마지않으셨다. 경봉 선사님과 조계종 지혜제일 전강 선사님과의 문답만을 보더라도 취모검과 같은 대원 선사님의 선지를 엿볼 수 있다.

맨 처음 통도사 경봉 선사님을 찾아뵈었을 때, 마침 늦가을 감나무에서 감을 따고 계신 경봉 선사님을 보자 감나무 주위를 한 번 돌고 서 있으니, 경봉 선사님께서 물으셨다.

"어디서 왔는가?"

"호남에서 왔습니다."

"무엇을 공부했는가?"

"선을 공부했습니다."

"무엇이 선이냐?"

"감이 붉습니다."

"네가 불법을 아는가?"

"알면 불법이 아닙니다."

위의 문답이 있은 후 경봉 선사님께서는 해제 법문을 대원 선사님께 맡기셨으나 대원 선사님께서는 아직 그럴 때가 아니라 여겨져 그 이튿날인 해제일 새벽 직전에 통도사를 떠나와 버리셨다.

또 광주 동광사에서 처음 전강 선사님을 뵈었을 때, 20대 초면의 젊은 승려인 대원 선사님께 전강 선사님께서 대뜸 '달마불식 도리'를 일러보라 하셨다. 대원 선사님께서 아무 말없이 다가가 전강 선사님의 목에 있는 점 위의 털을 뽑아 버리고 종무소로 가니, 전강 선사님께서 "여기 사람 죽이는 놈이 있다."하며 종무소까지 따라오다 방장실로 돌아가셨다.

그 이후 대원 선사님께서 군산 은적사에서 전강 선사님을 시봉하며 모시고 계실 때, 전강 선사님께서 또 물으셨다.
"공적의 영지를 일러라."
"이러-히 스님과 대담합니다."
"영지의 공적을 일러라."
"스님과 대담에 이러-합니다."
"이러-한 경지를 일러라."
"명왕은 어상을 내리지 않고 천하일에 밝습니다."
대원 선사님의 답에 전강 선사님께서는 희색이 만면해서 고개를 끄덕이며 당신 처소로 돌아가셨다.

이에 그치지 않고 전강 선사님께서 대구 동화사 조실로 계실 때, 대원 선사님께 말씀하셨다.
"대중들이 자네를 산으로 불러내어 그 중에 법성(조계종 종정 진제 스님)이 달마불식 도리를 일러보라 했을 때 '드러났다'라고 답했다는데, 만약에 자네가 양무제였다면 '모르오'라고 이르고 있는 달마 대사에게 어떻게 했겠는가?"
"제가 양무제였다면 '성인이라 함도 설 수 없으나 이러-히 짐의 덕화와 함께 어우러짐이 더욱 좋지 않겠습니까?'하며 달마 대사의 손을 잡아 일으켰을 것입니다."
그러자 전강 선사님께서 탄복하며 말씀하셨다.
"어느새 그 경지에 이르렀는가?"

"이르렀다곤들 어찌하며 갖추었다곤들 어찌하며 본래라곤들 어찌하리까? 오직 이러-할 뿐인데 말입니다."

대원 선사님의 대답에 전강 선사님께서 크게 기뻐하셨다.

이와 같이 대원 선사님께서는 20대 초반에 이미 어떤 선지식의 물음에도 전광석화와 같이 답하셨으며 그 법을 씀이 새의 길처럼 흔적 없는 가운데 자유자재하셨다.

깨달음의 방편에 있어서는 육조 대사께서 마주 앉은 자리에서 사람들을 깨닫게 하셨듯이, 제자들을 제접해 직지인심(直指人心)으로 스스로의 마음에 사무쳐 들게 하여 근기에 따라 보림해 갈 수 있도록 이끌어주시니, 꺼져가는 정법의 기치를 바로 일으켜 세움이라 하겠다.

또한 선지식이라면 이변(理邊)에서 뿐만이 아니라 사변(事邊)에서도 먼 안목으로 인류가 무엇을 어떻게 대비하며 살아가야 할지를 예언하고 이끌어 주어야 한다고 하셨다.

그래서 1962년부터 주창하시기를, 전 세계가 21세기를 '사막 경영의 시대'로 삼아 사막화된 지역에 '사막 해수로 사업'을 하여 원하는 지역의 기후를 조절해야 하고, 자원을 소모하는 발전소 대신 파도, 태양열, 풍력 등의 대체 에너지와 무한 원동기를 개발해야 한다고 하셨다. 또, 도로를 발전소화하여 전기를 생산하는 방법 등을 구체적으로 제안하시고, 천재지변을 대비하여 각자의 집에서 농사를 짓는 '울안의 농법'을 연구하시는 등 만인이 더 나은 삶을 살 수 있는 길을 끊임없이 일러 주고 계신다.

  이와 같이 대원 선사님께서는 일체종지를 이룬 지혜로, '참나를 깨달아 마음이 내가 된 삶'을 위한 깨달음의 법으로부터 닥쳐오는 재난을 막고 지구를 가장 살기 좋은 세상으로 만드는 방편까지 늘 그 방향을 제시하고 계신다.

  한편, 불교의 최고 경전인 '화엄경 81권'을 완간하여 불보살님의 불가사의한 화엄세계를 열어 보이셨으며, 선문 최대의 공안집인 '선문염송 30권' 1,463칙에 대하여 석가모니 부처님 이래 최초로 전 공안을 맑은 물 밑바닥 보듯이 회통쳐 출간하셨다.

  이제 대원 선사님께서는 7불과 역대 조사들의 깨달음의 진수가 담긴 '전등록 30권'을 그런 혜안(慧眼)으로 조사마다 선리의 토끼뿔을 더해 닦아 증득할 수 있도록 밝혀 보이셨다. 그리하여 생사윤회길을 헤매는 중생들에게 해탈의 등불이 되고자 하셨으며, 불조(佛祖)의 정법이 후세에까지 끊어지지 않게 하여 부처님 은혜에 보답하고자 하셨다.

  부처님 가신 지 오래 되어 정법은 약하고 삿된 법이 만연한 지금, 중생이 다하는 날까지 중생을 구제하기 서원하는 대원 선사님과 같은 명안종사(明眼宗師)가 계심은 불보살님의 자비광명이 이 땅에 두루한 은덕이라 하겠다.

바로보인 불법 ㊸

전傳등燈록錄

19

도서출판 문젠(구, 바로보인)은 정맥선원에서 운영하고 있습니다.

* 인제산(人濟山) 성불사(成佛寺) 국제정맥선원
  경기도 포천시 내촌면 소리개길 86-178 ☎ 031-531-8805
* 인제산(人濟山) 이문절 포천정맥선원
  경기도 포천시 내촌면 소리개길 86-123 ☎ 031-531-2433
* 백양산(白楊山) 자모사(慈母寺) 부산정맥선원
  부산시 동래구 아시아드대로 114번길 10 대륙코리아나 2층 212호 ☎ 051-503-6460
* 자모산(慈母山) 육조사(六祖寺) 청도정맥선원
  경북 청도군 매전면 동산리 산 50 ☎ 010-4543-2460
* 광암산(光巖山) 성도사(成道寺) 광주정맥선원
  광주광역시 광산구 삼도광암길 34 ☎ 062-944-4088
* 대통산(大通山) 대통사(大通寺) 해남정맥선원
  전남 해남군 화산면 송계길 132-98 중정마을 ☎ 061-536-6366

바로보인 불법 ㊸
전 등 록 19

초판 1쇄 펴낸날 단기 4354년, 불기 3048년, 서기 2021년 12월 30일

역   저 농선 대원 선사
펴 낸 곳 도서출판 문젠(Moonzen Press)
         11192, 경기도 포천시 내촌면 소리개길 86-178
         전화 031-534-3373 팩스 031-533-3387
신고번호 2010.11.24. 제2010-000004호

편집윤문출판 법심 최주희, 법운 정숙경
인디자인 전자출판 지일 박한재
한문원문대조 불장 곽병원
표 지 글 씨 춘성 박선옥
인   쇄 북크림

도서출판문젠 www.moonzenpress.com
정 맥 선 원 www.zenparadise.com
사막화방지국제연대(IUPD) www.iupd.org

ⓒ 문재현, 2021. Printed in Seoul, Republic of Korea
값 15,000원
ISBN 978-89-6870-619-6
ISBN 978-89-6870-600-4 04220(전30권)

 서 문

  전등록은 말 없는 말이며 말 밖의 말이라서 학식이나 재치만으로는 번역이 실로 불가능한 일이다. 그러기에 육조단경(六祖壇經)을 보면 법화경을 삼천 번이나 독송한 법달(法達)은 글 한 자 모르시는 육조(六祖)께 경의 뜻을 물었고, 글을 모르시는 육조께서는 법화경의 바른 뜻을 설파하셔서 법달을 깨닫게 하신 것이다.

  그런데 하루는 본인에게 법을 물으러 다니시던 부산의 목원 하상욱 본연님이 오셔서 시중에 나온 전등록 번역본 두세 가지를 보이시며 범인인 당신에게도 부처님과 조사님들의 본래 뜻에 맞지 않는 대문이 군데군데 눈에 뜨인다며 바른 의역의 필요성을 절감한다고 하셨다. 그 후로 전등록 번역을 바로 해주십사 하는 간청이 지극하여 비록 단문하나 이 일을 시작하게 되었다.

  부처님과 조사님들의 근본 뜻에 어긋남이 없게 하기 위해 노력하였으나 약속한 기간 내에 해내기란 실로 벅찬 일이어서 혹시 미비한 점이 없지 않으리니 강호 제현의 좋은 지적이 있기를 바란다.

불법(佛法)이란 본자연(本自然)이라 누가 설(說)하고 누가 듣고 배울 자리요만 그렇지 못한 이가 또한 있어서 부처님과 조사님들의 허물이 생기는 것이다.

어떤 것이 부처인고?
화분의 빨간 장미니라.

이 가운데 남전(南泉) 뜰꽃 도리(道理)며 한산(寒山) 습득(拾得)의 웃음을 누릴진저.

단기(檀紀) 4354년
불기(佛紀) 3048년
서기(西紀) 2021년

무등산인 농선 대원 분향근서
(無等山人 弄禪 大圓 焚香謹書)

양억(楊億)의 경덕전등록 서문

　석가모니께서 일찍이 연등 부처님의 수기를 받아, 현겁(賢劫)의 보처(補處)가 되어 이 땅에 탄강하시고 법을 펴서 교화하시기가 49년이었으니 방편과 진리, 돈오(頓悟)와 점수(漸修)의 문호를 여시고, 헤아릴 수 없이 많은 다양한 교법을 내려 주셨다.
　근기(根機)에 따라 진리를 깨닫게 하신 데서 삼승(三乘)의 차별이 생겼으니, 사물에 접하는 대로 중생을 이롭게 하여 한량없는 중생을 제도하셨다. 그 자비는 넓고 컸으며 그 법식(法式)은 두루 갖추어져 있었다.
　쌍림(雙林)에서 열반에 드실 때 가섭(迦葉)에게만 유촉하신 것이 차츰차츰 전하여 달마에 이르러서 비로소 문자를 세우지 않고 마음의 근원을 곧바로 보이게 되었으니, 차례를 밟지 않고 당장에 부처의 경지에 오르게 되어 다섯 잎[1]이 비로소 무성하고 천 개의 등불[2]이 더욱 찬란하여서, 보배 있는 곳에 이른 이는 더욱 많고, 법의 바퀴를 굴린 이도 하나가 아니었다.
　부처님께서 부촉하신 종지와 정법안장(正法眼藏)이 유통되는 도리는 교리 밖에서 따로 행해지는 불가사의(不可思議)한 것이다.
　태조(太祖)께서 거룩하신 무력으로 전란을 진압하신 뒤에 사찰을 숭상하여 제도의 문을 활짝 여셨고, 태종(太宗)께서 밝으신 변재로 비밀한 법을 찬술하시어 참된 이치를 높이셨으며, 황상(皇上)[3]께서 높으신 학덕으로 조사의 뜻을 이어 거룩한 가르침에 머릿말을 쓰셔 종풍(宗風)을 잇게 하시니, 구름 같은 문장이 진리의 하늘에 빛나고, 부처의 황금같은 설법

---

1) 다섯 잎 : 중국 선종의 2조 혜가로부터 6조 혜능에 이르는 다섯 조사를 말한다.
2) 천 개의 등불 : 중국에 선법(禪法)이 전해진 이후 등장한 수많은 견성도인들을 말한다.
3) 황상(皇上) : 송의 진종(眞宗)을 말한다.

이 깨달음의 동산에 펼쳐졌다.

대장경의 말씀에 비밀히 계합하고, 인도로부터의 법맥이 번창하니, 뭇 선행을 늘리는 이가 더욱 많아졌고, 요의(了義)[4]를 전하는 사람들이 간간이 나타나서 원돈(圓頓)의 교화가 이 지역에 퍼졌다.

이에 동오(東吳)의 승려인 도원(道原)이 선열(禪悅)의 경지에 마음을 모으고, 불법의 진리를 샅샅이 찾으며, 여러 세대의 조사 법맥을 찾고, 제방의 어록(語錄)을 모아 그 근원과 법맥에 차례를 달고, 말씀들을 차례차례 엮되, 과거 7불로부터 대법안(大法眼)의 문도에 이르기까지 무릇 52세대, 1,701인을 수록하여 30권으로 만들어 경덕전등록이라 하여 대궐로 가지고 와서 유포해 주기를 청하였다.

황상께서는 불법을 밖으로부터 보호하고자 하시고, 승려들의 부지런함을 가상히 여겨 마음가짐을 신중히 하고 생각을 원대히 하여 좌사간(左司諫) 지제고(知制誥) 양억(楊億)과 병부원외랑(兵部員外郞) 지제고(知制誥) 이유(李維)와 태상승(太常丞) 왕서(王曙) 등을 불러 교정케 하시니, 신(臣) 등은 우매하여 삼학(三學)[5]의 근본 뜻을 모르고 5성(五性)[6]의 방편에 어두우며, 훌륭한 번역 솜씨도 없고, 비야리 성에서 보인 유마 거사의 묵연(默然) 도리[7]에도 둔하건만 공손히 지엄하신 하명(下命)을 받들어 감히 끝내 사양하지 못하였다.

그 저술된 내용을 두루 살펴보면 대체로 진공(眞空)[8]으로써 근본을 삼고 있고, 옛 성인께서 도에 들던 인연을 서술할 때나 옛 사람이 진리를 깨달은 이야기를 표현할 때엔 근기와 인연의 계합함이 마치 활쏘기와 칼쓰

---

4) 요의(了義) : 일을 다 마친 도리, 깨달아서 깨달음마저 두지 않는 경지를 말한다.
5) 삼학(三學) : 계(戒), 정(定), 혜(慧).
6) 5성(五性) : 법상종의 용어. 일체중생의 근기를 다섯 성품으로 나누어서 성불할 근기와 성불하지 못할 근기로 나누었다.
7) 유마 거사의 묵연 도리 : 유마 거사가 비야리성에서 그를 문병하러 온 문수보살과 법담을 할 때 잠자코 말이 없음으로 불이(不二)의 도리를 드러내 보인 일을 말한다.
8) 진공(眞空) : 색(色)이니 공(空)이니를 초월해서 누리는 경지.

기가 알맞는 것 같아 지혜가 갖추어진 데서 광명을 내어, 채찍 그림자만 보고도 달리는 말과 같은 상근기자(上根機者)들에게 널리 도움이 되고 있다.

후학(後學)들을 인도함에는 현묘한 진리를 드날리고 있고, 다른 이야기를 가져올 때에는 출처를 밝히고 있으며, 다듬어지지 않은 부분도 많으나 훌륭한 부분도 찾아볼 수 있었다. 모든 대사들이 대중에게 도리를 보일 때에 한결같은 소리로 펼쳐 보이고 있으니 영특한 이가 귀를 기울여 듣는다면 무수한 성인들이 증명한다 할 것이다. 개괄해서 들추어도 그것이 바탕이어서 한군데만 취해도 그대로가 옳다.

만일 별달리 더 붓을 댄다면 그 돌아갈 뜻을 잃을 것이다. 중국과 인도에서의 말이 이미 다르지 않은데 자칫하면 구슬에다 무늬를 새기려다 보배에 흠집을 낼 우려가 있기에, 이런 종류는 모두 그대로 두었다. 더욱이 일은 실제로 행한 것만을 취해 기록하여 틀림없이 잘 서술했으나 말이란 오래도록 남아 전해지는 까닭에 전혀 문장을 다듬지 않을 수는 없었다.

어떤 사연을 기록할 때엔 그 자취를 자세히 하였고 말이 복잡해지거나 이야기가 저속한 것이 있으면 모두 삭제하되 문맥이 통하게 하였다.

유교(儒敎)의 대신이나 거사(居士)의 문답에 이르러 벼슬자리와 성씨가 드러난 이는 연대와 역사에 비추어 잘못을 밝히고, 사적(史籍)에 따라 틀린 점을 바로잡아 믿을 만한 전기가 되게 하였다.

만일 바늘을 던져 맞추듯 한 치의 어긋남 없이 도리를 밝히는 일이 아니거나, 번갯불이 치듯 빠른 기틀을 내보이는 일이 아니거나, 묘하게 밝은 참 마음을 보이는 일이 아니거나, 고(苦)와 공(空)의 깊은 이치를 조사(祖師)의 뜻 그대로 기술(記述)하는 일이 아니라면, 어떻게 등불을 전한다는 전등(傳燈)이라는 비유에 계합(契合)하는 그 극진한 공덕을 베풀 수 있었겠는가?

만일 감응(感應)한 징조만을 서술하거나 참문하고 행각한 자취만을 기록한다 할 것 같으면 이는 이미 승사(僧史)에 밝혀져 있는 것이니, 어째서 선가(禪家)의 말씀을 굳이 취하겠는가? 세대와 계보의 명칭을 남긴 것만이 아니라 스승과 제자가 이어지는 근거를 널리 기록하였다.

그러나 옛날 책에 실린 것을 보면 잘 다듬어지지 않은 내용을 수록하고 잘 다듬어진 것은 버린 일이 있는데, 다른 기록에 남아 있으면 해당하는 문장을 찾아 보완하고, 더욱 널리 찾아서 덧붙이기도 하였다. 또한 서문과 논설에 이르러 혹 옛 조사(祖師)의 문장이 아닌 것이 사이사이 섞이어 공연히 군소리가 되었으면 모두 간추려서 다 깎아버렸으니, 이같이 하여 1년 만에 일이 끝났다.

저희 신(臣)들은 성품과 식견이 우둔하고, 학문이 넓지 못하고, 기틀이 본래 얕고, 문장력은 부족하여 묘한 도리가 사람에게 달렸다고는 하나 마음에서 떠난 지 오래되고 깊은 진리를 나타내는 말이 세속에서 단절되어, 담벽을 마주한 듯 갑갑하게 지낸 적이 많았다. 과분하게도 추천해 주시는 은혜를 받았으나 아무 힘도 발휘하지 못했다. 편찬하는 일이 이미 끝났으므로 이를 임금님께 바친다. 그러나 임금님의 뜻에 맞지 않아, 임금님께서 거룩히 살펴보시는 데에 공연히 누만 끼치는 것이 아닌가 한다. 삼가 바친다.

　　　　　　　　　　　　한림학사조산대부행좌사간지제고동
　　　　　　　　　　　　수국사판사관사주국남양군개국후식읍
　　　　　　　　　　　　1천백호사자금어대신 양억 지음

景德傳燈錄序 昔釋迦文。以受然燈之夙記當賢劫之次補。降神演化四十九年。開權實頓漸之門。垂半滿偏圓之教。隨機悟理。爰有三乘之差。接物利生。乃度無邊之眾。其悲濟廣大矣。其軌式備具矣。而雙林入滅。獨顧於飲光。屈眴相傳。首從於達磨。不立文字直指心源。不踐楷梯徑登佛地。逮五葉而始盛。分千燈而益繁。達寶所者蓋多。轉法輪者非一。蓋大雄付囑之旨。正眼流通之道。教外別行不可思議者也。

聖宋啟運人靈幽贊。太祖以神武戡亂。而崇淨剎。闢度門。太宗以欽明禦辯。而述祕詮。暢真諦。皇上睿文繼志而序聖教繹宗風。煥雲章於義天。振金聲於覺苑。蓮藏之言密契。竺乾之緒克昌。殖眾善者滋多。傳了義者間出。圓頓之化流於區域。有東吳僧道原者。冥心禪悅。索隱空宗。披弈世之祖圖。采諸方之語錄。次序其源派。錯綜其辭句。由七佛以至大法眼之嗣。凡五十二世。一千七百一人。成三十卷。目之曰景德傳燈錄。詣闕奉進冀於流布。

皇上爲佛法之外護。嘉釋子之勤業。載懷重慎。思致悠久。乃詔翰林學士左司諫知制誥臣楊億。兵部員外郎知制誥臣李維。太常丞臣王曙等。同加刊削。俾之裁定。臣等昧三學之旨迷五性之方。乏臨川翻譯之能。慚毘邪語默之要。恭承嚴命。不敢牢讓。竊用探索匪遑寧居。考其論譔之意。蓋以真空爲本。將以述曩聖入道之因。標昔人契理之說。機緣交激。若拄於箭鋒。智藏發光。旁資於鞭影。

誘道後學。敷暢玄猷。而捃摭之來。徵引所出。糟粕多在。油素可尋。其有大士。示徒。以一音而開演。含靈聳聽。乃千聖之證明。屬概舉之是資。取少分而斯可。若乃別加潤色失其指歸。既非華竺之殊言。頗近錯雕之傷寶。如此之類悉仍其舊。況又事資紀實。必由於善敘。言以行遠。非可以無文。其有標錄事緣。縷詳軌跡。或辭條之紛糾。或言筌之猥俗。並從刊削。俾之綸貫。

至有儒臣居士之問答。爵位姓氏之著明。校歲歷以愆殊。約史籍而差謬。鹹用刪去。以資傳信。自非啟投針之玄趣。馳激電之迅機。開示妙明之真心。祖述苦空之深理。即何以契傳燈之喻。施刮膜之功。若乃但述感應之徵符。專敘參遊之轍跡。此已標於僧史。亦奚取於禪詮。聊存世系之名。庶紹師承之自然而舊錄所載。或掇粗而遺精。別集具存。當尋文而補闕。率加采擷。爰從附益。逮於序論之作。或非古德之文。問廁編聯徒增楦釀（楦釀二字出唐張燕公文集。謂冗長也）亦用簡別多所屏去。泛茲周歲方遂終篇。臣等性識媿於冥煩。學問慚於涉獵。天機素淺。文力無餘。妙道在人。雖剋心而斯久。玄言絕俗。固牆面以居多。濫膺推擇之私。靡著發揮之效。已克終於紬繹。將仰奉於清間。莫副宸襟空塵睿覽。謹上。

　　　　　　　　　　　翰林學士朝散大夫行左司諫知制誥同
　　　　　　　　　　　修國史判史館事柱國南陽郡開國侯食邑
　　　　　　　　　　　一千百戶賜紫金魚袋臣楊億 撰

승려 희위(希渭)의 경덕전등록 재발간사

호주로(湖州路) 도량산(道場山) 호성만세선사(護聖萬歲禪寺)의 늙은 중 희위(希渭)는 본관이 경원로(慶元路) 창국주(昌國州)이며 성은 동(董)씨다.

어릴 때부터 고향의 성에 있는 관음선사(觀音禪寺)에 가서 절조(絶照) 화상을 스승으로 삼았고, 법명(法名)을 받게 되어 자계현(慈溪懸) 개수(開壽)의 보광선사(普光禪寺)에 가서 용원(龍源) 화상에 의해 머리를 깎고 중이 되었다.

그대로 오대율사(五臺律寺)로 가서 설애(雪涯) 화상에게 구족계를 받은 뒤에 짐을 꾸려 서쪽으로 향해 행각을 떠나 수행을 하다가 나중에 다시 은사이신 용원 화상을 만나 이 산으로 옮겨 왔다.

스승을 따라 배움에 참여하고 이로움을 구한 지 벌써 여러 해가 되었다. 항상 스승의 은혜를 생각하면서도 갚을 기회가 없었다. 그런데 삼가 윗대로부터의 부처와 조사들을 수록한 경덕전등록 30권을 보니 7불로부터 법안(法眼)의 법사(法嗣)에 이르기까지 전부 52세대(世代)인데, 경덕(景德)에서 연우(延祐) 병진년에 이르기까지 317년이나 지나서 옛 판본이 다 썩어버려 남아있지 않기 때문에 후학들이 보고 싶어도 볼 수가 없었다. 이에 발심하여 다시 간행한다.

홀연히 내 고향에 있는 천성선사(天聖禪寺)의 송려(松廬) 화상이 소장하고 있던, 여산(廬山)의 은암(隱庵)에서 찍은 옛 책이 가장 보존이 잘된 상태로 입수되었는데, 아주 내 마음에 들었다. 마침내 병진(丙辰)년 정월 10일에 의발 등속을 모두 팔아 1만 2천여 냥을 얻었다. 그날 당장에 공인(工人)에게 간행할 것을 명하여 조사의 도리가 세상에 유포되게 하였다. 이 책은 모두 36만 7천 9백 17자이다. 그해 음력 12월 1일에야 공인의 작업이 끝났다.

당장에 300부를 인쇄하여 전당강(錢塘江) 남북지역과 안중(安衆)지역[9]의 여러 명산(名山)의 방장(方丈)[10]과 몽당(蒙堂)[11]과 여러 요사(寮舍)[12]에 한 부씩을 비치케 하여 온 세상의 도를 분변(分辨)하는 참선납자(參禪衲子)들이 참구하기에 편하도록 하였다. 이를 잘 이용하여 사은(四恩)[13]을 갚고 아울러 삼유(三有)의 중생[14]에게도 도움이 되기 바란다.

대원(大元) 연우(延祐) 3년[15] 음력 12월 1일
늙은 중 희위(希渭)가 삼가 쓰고
젊은 비구 문아(文雅)가 간행을 감독하고
주지 비구 사순(士洵)이 간행하다.

---

9) 두 지역은 희위 스님의 고향인 호주(湖州)와 비교적 인접한 지역들이다.
10) 방장(方丈) : 절의 주지가 거처하는 방. 지금은 견성한 이가 아니더라도 주지를 맡고 있으나 그 당시에는 견성한 도인이라야 그 절의 주지를 맡았다. 따라서 방장에는 대체로 법이 높은 스님이 기거하는 경우가 대부분이었다.
11) 몽당(蒙堂) : 승사(僧寺)의 일에서 물러난 사람이 거처하는 방.
12) 요사(寮舍) : 절에서 대중이 숙식하는 방.
13) 사은(四恩) : 보시(布施), 자애(慈愛), 화도(化導), 공환(共歡)의 네가지 시은(施恩), 또는 부모(父母), 중생(衆生), 국왕(國王), 삼보(三寶)의 네가지 지은(知恩).
14) 삼유(三有)의 중생 : 욕계(慾界), 색계(色界), 무색계(無色界)의 삼계(三界)를 유전하는 미혹한 중생.
15) 서기 1316년.

차 례

서 문 35
양억(楊億)의 경덕전등록 서문 37
승려 희위(希渭)의 경덕전등록 재발간사 42
일러두기 48
19권 법계보 49

청원(靑原) 행사(行思) 선사의 6세 법손(法孫) 53

**청원산(靑原山) 행사(行思) 선사의 제6세
복주(福州) 설봉(雪峯) 의존(義存) 선사의 법손 55**
　복주(福州) 안국원(安國院) 명진(明眞) 홍도(弘瑫) 대사 55
　양주(襄州) 운개산(雲蓋山) 쌍천원(雙泉院) 귀본(歸本) 선사 66
　소주(韶州) 임전(林泉) 화상 69
　낙경(洛京) 남원(南院) 화상 71

월주(越州) 동암(洞巖) 가휴(可休) 선사 73

정주(定州) 법해원(法海院) 행주(行周) 선사 75

항주(杭州) 용정(龍井) 통(通) 선사 77

장주(漳州) 보복원(保福院) 종전(從展) 선사 80

천주(泉州) 수용산(睡龍山) 홍교(弘敎) 도부(道溥) 대사 101

항주(杭州) 용흥(龍興) 종정(宗靖) 선사 104

복주(福州) 남선(南禪) 계번(契璠) 선사 108

월주(越州) 제기현(諸曁縣) 월산(越山) 사내(師鼐) 선사 111

남악(南嶽) 금륜(金輪) 가관(可觀) 선사 115

천주(泉州) 복청원(福淸院) 현눌(玄訥) 선사 121

소주(韶州) 운문산(雲門山) 문언(文偃) 선사 124

구주(衢州) 남대(南臺) 인(仁) 선사 156

천주(泉州) 동선(東禪) 화상 158

여항(餘杭) 대전산(大錢山) 종습(從襲) 선사 161

복주(福州) 영태(永泰) 화상 164

지주(池州) 화룡산(和龍山) 수창원(壽昌院) 수눌(守訥) 선사 166

건주(建州) 몽필(夢筆) 화상 169

복주(福州) 고전(古田) 극락(極樂) 원엄(元儼) 선사 172

복주(福州) 부용산(芙蓉山) 여체(如體) 선사 175

낙경(洛京) 게학산(憩鶴山) 화상 177

담주(潭州) 위산(溈山) 서(棲) 선사 179

길주(吉州) 조산(潮山) 연종(延宗) 선사 182

익주(益州) 보통산(普通山) 보명(普明) 대사 185

수주(隨州) 쌍천산(雙泉山) 양가암(梁家庵) 영(永) 선사 187

장주(漳州) 보복원(保福院) 초오(超悟) 선사(제2세 주지) 190
태원부(太原孚) 상좌 192
남악(南嶽) 반주도량(般舟道場) 보문(寶聞) 유경(惟勁) 대사 199

색인표 203

부록1 농선 대원 선사님 인가 내력 213
부록2 농선 대원 선사님 법어 221
부록3 21세기에 인류가 해야 할 일 249
부록4 가슴으로 부르는 불심의 노래 253

일러두기

1. 대만에서 펴낸 『경덕전등록(景德傳燈錄)』(宋釋道原 編, 新文豐出版公司, 民國 75년, 1986년)에 의거해서 번역했으며 누락된 부분 없이 완역하였다.
2. 농선 대원 선사가 각 선사장마다 선리의 토끼뿔을 더하여 닦아 증득하는 데 도움이 되도록 하였다.
3. 뜻이 통하지 않는데도 오자가 아닐 때는 옛 한문 사전에서 그 조사 당시에 그 글자가 어떻게 쓰였는가를 찾아 번역하였다. 예를 들어 '還'자가 돌아올 '환'으로가 아니라 영위할 '영'으로 쓰여 뜻이 통한 경우에는 '영위하다' '누리다'로 의역하였다.
4. 선사들의 생몰연대는 여러 기록된 내용이 일치하지 않거나 미상으로 되어 있는 바가 많아, 각 선사 당시의 나라와 왕의 연대, 불교의 상황 등을 역사학자들이 전문적으로 연구하여 밝혀야 할 부분이 있기에, 이 책에서는 여러 자료와 연구 결과가 일치된 내용만을 주에서 표기하였다.
5. 첨가한 주의 내용은 불교에 대한 지식이 없는 이들도 선문답을 참구해 가는데 도움이 되도록 간략하게 달았으며, 주의 내용에 따라서는 사전적인 뜻보다는 선리(禪理)로서 그 뜻을 밝혀 마음에 비추어 참구할 수 있도록 하였다.

19권 법계보

길주(吉州) 청원산(靑原山) 행사(行思) 선사의 제6세 205인 중 42인

복주(福州) 설봉(雪峯) 의존(義存) 선사의 법손 42인
- 복주(福州) 안국원(安國院) 명진(明眞) 홍도(弘瑫) 대사
- 양주(襄州) 운개산(雲蓋山) 쌍천원(雙泉院) 귀본(歸本) 선사
- 소주(韶州) 임전(林泉) 화상
- 낙경(洛京) 남원(南院) 화상
- 월주(越州) 동암(洞巖) 가휴(可休) 선사
- 정주(定州) 법해원(法海院) 행주(行周) 선사
- 항주(杭州) 용정(龍井) 통(通) 선사
- 장주(漳州) 보복원(保福院) 종전(從展) 선사
- 천주(泉州) 수용산(睡龍山) 도부(道溥) 대사
- 항주(杭州) 용흥사(龍興寺) 종정(宗靖) 선사
- 복주(福州) 남선(南禪) 계번(契璠) 선사
- 월주(越州) 제기현(諸曁縣) 월산(越山) 감진(鑒眞) 사내(師鼐) 선사
- 남악(南嶽) 금륜(金輪) 가관(可觀) 선사
- 천주(泉州) 복청원(福淸院) 현눌(玄訥) 선사
- 소주(韶州) 운문산(雲門山) 문언(文偃) 선사
- 구주(衢州) 남대(南臺) 인(仁) 선사
- 천주(泉州) 동선(東禪) 화상
- 여항(餘杭) 대전산(大錢山) 종습(從襲) 선사

19권 법계보

- 복주(福州) 영태(永泰) 화상
- 지주(池州) 화룡산(和龍山) 수창원(壽昌院) 묘공(妙空) 수눌(守訥) 선사
- 건주(建州) 몽필(夢筆) 화상
- 복주(福州) 고전(古田) 극락(極樂) 원엄(元儼) 선사
- 복주(福州) 부용산(芙蓉山) 여체(如體) 선사
- 낙경(洛京) 게학산(憩鶴山) 화상
- 담주(潭州) 위산(潙山) 서(棲) 선사
- 길주(吉州) 조산(潮山) 연종(延宗) 선사
- 익주(益州) 보통산(普通山) 보명(普明) 대사
- 수주(隨州) 쌍천산(雙泉山) 양가암(梁家庵) 영(永) 선사
- 장주(漳州) 보복원(保福院) 초오(超悟) 선사
- 태원부(太原孚) 상좌
- 남악(南嶽) 반주도량(般舟道場) 보문(寶聞) 유경(惟勁) 대사
  (이상 31인은 본문에 기록되어 있다. 원주)
- 태주(台州) 십상(十相) 심초(審超) 선사
- 강주(江州) 여산눌(廬山訥) 선사
- 신라국(新羅國) 대무위(大無爲) 선사
- 노주(潞州) 현휘(玄暉) 선사
- 호주(湖州) 청정(淸淨) 화상
- 익주(益州) 영안(永安) 설봉(雪峯) 화상
- 노선(盧僊) 덕명(德明) 선사

19권 법계보

- 무주(撫州) 명수(明水) 회충(懷忠) 선사
- 익주(益州) 회과(懷果) 선사
- 항주(杭州) 이상(耳相) 행수(行修) 선사
- 숭산(嵩山) 안덕(安德) 선사
  (이상 11인은 본문에 기록되어 있지 않다. 원주)

청원(青原) 행사(行思) 선사의
6세 법손(法孫)

청원산(青原山) 행사(行思) 선사의 제6세
복주(福州) 설봉(雪峯) 의존(義存) 선사의 법손

복주(福州) 안국원(安國院) 명진(明眞) 홍도(弘瑫) 대사

홍도 대사는 천주(泉州) 사람으로 성은 진(陳)씨이다. 어릴 때부터 육식과 오신채를 끊고, 출가할 것을 서원하다가 용화사(龍華寺) 동선(東禪)에서 구족계를 받고 설봉에게로 갔다.

설봉이 그를 보고는 얼마 안 되어 매우 뛰어나게 될 법기임을 짐작하고서 본심(本心)으로 인도하니, 한계를 초월한 믿음에 들었다.

青原山行思禪師第六世。福州雪峯義存禪師法嗣。福州安國院明眞大師弘瑫。泉州人也。姓陳氏。幼絕葷茹。自誓出家。於龍華寺東禪始圓戒體。而造於雪峯。雪峯觀其少俊堪為法器。乃導以本心。信入過量。

그리고는 다시 여러 선원을 두루 다니면서 제방의 삼매를 얻은 다음 설봉에게 돌아오니, 설봉이 물었다.

"어디서 오는가?"

대사가 말하였다.

"강서(江西)에서 옵니다."

"어디서 달마(達磨)를 만났는가?"

"분명히 화상께 일렀습니다."

"무엇이라 했던가?"

"어디를 다녀오십니까?"

어느 날 설봉이 대사를 보더니, 갑자기 멱살을 잡고 말하였다.

"온 천지가 다 해탈문이건만 그대의 손을 잡고 가르쳐 들게 하려 해도 들지 못하는구나."

"화상은 기이하게도 홍도를 알지 못하시는군요."

설봉이 말하였다.

"비록 그러하여 이와 같으나 등 뒤의 허다한 스님들을 어찌하겠는가?

復遍參禪苑獲諸方三昧。却迴雪峯。雪峯問。什麼處來。曰江西來。雪峯曰。什麼處見達磨。曰分明向和尚道。雪峯曰。道什麼。曰什麼處去來。一日雪峯見師忽搊住曰。盡乾坤是箇解脫門。把手教伊入不肯入。曰和尚怪弘瑫不得。雪峯曰。雖然如此爭奈背後許多師僧何。

대사가 국사의 비문에 있는 말을 들어 말하였다.

"마음을 얻으면 이란(伊蘭)[1]이 전단나무로 바뀌고, 종지를 잃으면 감로수가 쑥밭이 된다."

그리고는 어떤 승려에게 물었다.

"한마디에 얻고 잃는 두 뜻을 갖추어야 하는데, 그대는 어떻게 생각하는가?"

승려가 주먹을 들면서 말하였다.

"주먹이라고만은 말할 수 없습니다."

대사가 긍정하지 않고 도리어 주먹을 들면서 말하였다.

"다만 이것을 주먹이라고 지어 불렀을 뿐이다."

대사가 청을 받아 균산(囷山)에 머무르니 참선하는 무리들이 뒤를 따랐다. 그 뒤에 민수(閩帥)가 대사의 덕화를 듣고 안국사(安國寺)에 살게 하니, 현풍(玄風)을 크게 드날리어 팔백여 명의 무리가 모였다.

師因舉國師碑文云。得之於心伊蘭作栴檀之樹。失之於旨甘露乃蕟藜之園。拈問僧曰。一語須具得失兩意。汝作麼生道。僧舉拳曰。不可喚作拳頭也。師不肯。亦舉拳別云。只為喚這箇作拳頭。師受請止囷山。毳徒臻集。後閩帥嚮師道德。命居安國寺。大闡玄風。徒餘八百矣。

---

1) 이란(伊蘭) : 냄새가 나쁜 풀.

어떤 승려가 물었다.
"어떤 것이 서쪽에서 오신 뜻입니까?"
대사가 말하였다.
"옳기는 옳으나 잘못 알지 말라."

"어떤 것이 제일구(第一句)입니까?"
"물어라, 물어."

승려가 물었다.
"학인이 아직까지 기틀에서 다하지 못했는데, 스님께서 기틀에서 다해 주십시오."
대사가 말없이 보이니, 승려가 절을 하였다. 이에 대사가 말하였다.
"홀연히 딴 곳에 갔을 때에 누군가가 그대에게 물으면 어떻게 대답하겠는가?"
"끝끝내 감히 잘못 이르지는 않겠습니다."

僧問。如何是西來意。師曰。是即是莫錯會。問如何是第一句。師曰。問問。問學人上來未盡其機請師盡機。師良久。僧禮拜。師曰。忽到別處人問汝作麼生擧。曰終不敢錯擧。

대사가 말하였다.
"문 밖에 나서기 전에 이미 웃음거리가 되었구나."

"어떤 것이 달마가 전한 마음입니까?"
"헛되이 뒤나 밟는 것은 옳지 않다."

"어떤 것이 종승(宗乘) 가운데 일입니까?"
"그대 하나를 위해서 대중을 흐트러뜨릴 수는 없다."

"있음과 없음에 빠지지 않는 기틀을 스님께서 온전하게 말씀해 주십시오."
"그대가 판단해 봐라."

"어떤 것이 한 터럭 끝의 일입니까?"
대사가 가사를 번쩍 드니, 승려가 말하였다.
"스님께서 가리켜 보여 주십시오."

師曰。未出門已見笑具。問如何是達磨傳底心。師曰。素非後躅。問如何是宗乘中事。師曰。不可爲老兄散却眾也。問不落有無之機請師全道。師曰。汝試斷看。問如何是一毛頭事。師拈起袈裟。僧曰。乞師指示。

"박옥(璞玉)을 안았으니 눈물을 흘리지 말고, 내일 아침에 다시 초왕(楚王)에게 바쳐 봐라."[2]

"적적히 말이 없을 때에는 어떠합니까?"
"한걸음 더 나아가라."

"온갖 말과 글귀는 모두가 인연과 방편에 떨어지는데, 인연과 방편에 떨어지지 않는 일은 무엇입니까?"
"두레박질을 하는 사람은 자주 만나지만, 흘러가는 물에 옹기 두레박을 던지는 이는 만나기 어렵다."

師曰。抱璞不須頻下淚。來朝更獻楚王看。問寂寂無言時如何。師曰。更進一步。問凡有言句皆落因緣方便。不落因緣方便事如何。師曰。桔槔之士頻逢。抱甕之流罕遇。

---

[2] 변화가 박옥(璞玉)을 왕에게 바친 일화. 변화는 초(楚)나라의 사람으로 박옥을 얻어 초의 려왕(厲王)에게 헌상했으나, 가짜라고 해서 왼쪽 다리를 잘렸다. 무왕 때 다시 헌상했으나, 역시 가짜라고 하여 오른쪽 다리를 잘렸다. 뒤에 문왕이 즉위하자 변화가 박옥을 안고 피눈물을 흘리며 슬피 울자, 문왕이 기술자로 하여금 박옥을 다듬게 하였더니 과연 가장 아름다운 옥이 나왔다고 한다.

"모든 것을 초월하여 초월했다는 것마저 없는 한 길은 천 성인도 전하지 못한다 하였는데, 화상께서는 어떻게 전하십니까?"
"입을 놔둬야 밥을 먹지 않겠는가?"

"어떤 것이 고상한 사람입니까?"
"하빈(河濱)에는 귀를 씻는 이가 없고, 반계(磻溪)에는 낚시를 드리운 사람이 없다."

"하루 종일 어찌하여야 생사에서 구제되겠습니까?"
"이미 출가하였거늘 어찌 세상 풍류를 기웃거릴 것이며, 얇은 얼음을 밟는 듯이 해야 하거늘 어찌 걸음을 조심하지 않으리오."

"학인이 종승의 법을 묻고자 하는데 허락하시겠습니까?"
"묻기만 하라."
 승려가 물으려는데, 대사가 할을 해서 내쫓았다.

問向上一路千聖不傳。未審和尚如何傳。師曰。且留口喫飯著。問如何是高尚底人。師曰。河濱無洗耳之叟。磻溪絶垂釣之人。問十二時中如何救得生死。師曰。執鉢不須窺衆樂。履氷何必[3]步參差。問學人擬問宗乘。師還許也無。師曰。但問。僧擬問。師乃喝出。

---

3) 必이 송, 원나라본에는 得으로 되어 있다.

"눈앞의 생사를 어떻게 면하겠습니까?"
"생사를 가져와 봐라."
"가지고 있음을 아는 사람도 어째서 이를 수 없습니까?"
"그대 아버지의 이름이 무엇인가?"

"어떤 것이 사람을 살리는 칼입니까?"
"감히 그대의 눈을 멀게 할 수는 없다."
"어떤 것이 사람을 죽이는 칼입니까?"
"다만 이것이다."

"칼끝을 범하지 않고 어떻게 지음자가 되겠습니까?"
"나귀해〔驢年〕가 갔다."

"쓰고 떫은 곳을 스님께서 한마디 해 주십시오."
"꽤 중얼거리는구나."

問目前生死如何免得。師曰。把將生死來。問知有底人爲什麽道不得。師曰。汝爺名什麽。問如何是活人之劍。師曰。不敢瞎却汝。曰如何是殺人之刀。師曰。只這箇是。問不犯鋒鋩如何知音。師曰。驢年去。問苦澁處乞師一言。師曰。可殺沈吟。

"어째서 그렇다는 것입니까?"
"반드시 바탕을 다 알아야 옳다."

승려가 물었다.
"항상 바른 지위에 있는 사람은 인간과 하늘의 공양을 받아도 녹일 수 있습니까?"
대사가 말하였다.
"녹일 수 없다."
"어째서 녹일 수 없습니까?"
"이것이 무슨 마음씨인가?"
"어떤 사람이 녹일 수 있습니까?"
"옷 입고 밥 먹는 이가 녹일 수 있다."

대사가 혜릉 화상의 이야기를 들어 말하였다.

曰為什麼如此。師曰。也須相悉好。問常居正位底人還消得人天供養否。師曰。消不得。曰為什麼消不得。師曰。是什麼心行。曰什麼人消得。師曰。著衣喫飯底消得。師舉。

혜릉(慧稜) 화상이 초경사(招慶寺)에 있을 때에 법당 동쪽 귀에 서서 승려에게 말하기를 "여기에서 한 가지 질문을 하는 것도 좋겠다." 하니, 승려가 얼른 묻기를 "화상은 어째서 바른 지위에 계시지 않습니까?" 하자, 혜릉이 "그대를 위하여 이렇게 왔노라." 하였다. 또 승려가 말하기를 "지금은 어떠하십니까?" 하니, 혜릉이 "그대의 눈은 무엇에 쓰려는가?" 하였다.

대사가 이 이야기를 들어 말하고는 이어서 말하였다.

"그가 이렇게 물은 것이 특별한 도리이기는 하나, 지금 어떻게 말하겠는가?"

나중에 안국(安國)이 말하였다.

"그러면 대중이 일시에 흩어지겠습니다."

대사도 스스로 대신 말하였다.

"그러면 대중이 일시에 절을 하겠구나."

稜和尚住招慶時。在法堂東角立謂僧曰。這裏好致一問。僧便問。和尚爲何不居正位。稜曰。爲汝恁麼來。曰即今作麼生。稜曰。用汝眼作麼。師擧畢乃曰。他家恁麼問別是箇道理。如今作麼生道。後安國曰。恁麼即大衆一時散去得也。師亦自代曰。恁麼即大衆一時禮拜。

 토끼뿔

༄ "눈앞의 생사를 어떻게 면하겠습니까?" 했을 때

대원은 돌아서게 하고 "사리야." 했을 것이다.

༄ "쓰고 뗘은 곳을 스님께서 한마디 해주십시오." 했을 때

대원은 "그런 말 하는 자에게는 이것이 선약이다." 함과 동시에 한 번 후려쳤을 것이다.
"험."
"험."

양주(襄州) 운개산(雲蓋山) 쌍천원(雙泉院) 귀본(歸本) 선사

귀본 선사[4]는 경조부(京兆府) 사람으로 어릴 때에 출가하여 16세에 계를 받고 『법화경』을 읽었다. 처음으로 설봉을 뵈었을 때에 설봉이 선상에서 내려와 등을 타고 앉자, 대사가 이때 깨달았다.

어떤 승려가 물었다.
"어떤 것이 쌍천(雙泉)입니까?"
대사가 말하였다.
"한 쌍의 눈썹이 아깝구나."
"학인은 잘 모르겠습니다."
"일찍이 우왕(禹王)[5]이 노력하지 않았더라면 급류가 있었을지도 모른다."

襄州雲蓋山雙泉院歸本禪師(亦曰西雙泉。以隋州有東雙泉故也)。京兆府人也。幼出家。十六納戒念法華經。初禮雪峯。雪峯下禪床跨背而坐。師於是省覺。僧問。如何是雙泉。師曰。可惜一雙眉。曰學人不會。師曰。不曾煩禹力湍流事不知。

---

4) 또는 서쌍천이라고도 하는데, 수주에 동쌍천이 있기 때문이다. (원주)
5) 우왕(禹王) : 중국 고대 하나라를 개국한 임금으로 치수(治水)의 위업이 있는 왕.

승려가 물었다.

"어떤 것이 서쪽에서 오신 분명한 뜻입니까?"

대사가 멱살을 잡으니, 그 승려가 얼굴을 붉혔다. 이에 대사가 말하였다.

"나에게는 그런 것이랄 것도 없다."

대사는 다른 사람보다 손가락이 가늘고 길어서 사람들이 수상 대사(手相大師)라 하였다.

問如何是西來的的意。師乃搊住。其僧變色。師曰。我這裏無這箇。師手指纖長特異於人。號手相大師。

 토끼뿔

"어떤 것이 쌍천(雙泉)입니까?" 했을 때

대원은 "여기서만이 본다." 하는 말과 동시에 한 대 때렸으리라.
"참."

소주(韶州) 임전(林泉) 화상

임전 화상에게 어떤 승려가 물었다.
"어떤 것이 티끌입니까?"
대사가 말하였다.
"모르는 사이에 산을 이룬다."

대사가 백운(白雲) 자광(慈光) 대사를 뵙고 나오는데, 백운이 문까지 전송을 나와서 대사를 부축하여 계단을 내려오면서 말하였다.
"조심하셔서 넘어지지 마십시오."
대사가 말하였다.
"홀연히 넘어지면 어찌하겠소?"
"다시는 부축할 필요가 없습니다."
대사가 크게 웃으면서 물러났다.

韶州林泉和尚(先住巘山)。僧問。如何是塵。師曰。不覺成丘山。師謁白雲慈光大師辭出。白雲門送扶師下階曰。款款莫教蹉倒。師曰。忽然蹉倒又作麼生。白雲曰。更不用扶也。師大笑而退。

 토끼뿔

"어떤 것이 티끌입니까?" 했을 때

대원은 "바로 그것이다." 하리라.

낙경(洛京) 남원(南院) 화상

남원 화상에게 어떤 이가 물었다.
"어떤 것이 법에 법이라는 것도 내지 않는 것입니까?"
대사가 말하였다.
"냈다."

어떤 유교 선비가 고금의 서적을 다 보아서 사람들이 장백회(張百會)라 하였는데, 어느 날 대사를 뵈니 대사가 말하였다.
"장백회가 아니시오."
"그렇다 하기는 외람스럽습니다."
대사가 손으로 허공에다 한 획을 긋고 말하였다.
"알겠는가?"
"모르겠습니다."
"일자(一字)도 모르면서 어찌 백 가지를 아는 백회라 하겠는가?"

洛京南院和尚。問如何是法法不生。師曰。生也。有儒士博覽古今。時人呼為張百會。一日來謁師。師曰。莫是張百會麼。曰不敢。師以手於空畫一畫曰。會麼。曰不會。師曰。一尚不會。什麼處得百會來。

🐇 토끼뿔

"어떤 것이 법에 법이라는 것도 내지 않는 것입니까?" 했을 때

대원은 "그런 말 안하는 마하살이다." 하리라.

월주(越州) 동암(洞巖) 가휴(可休) 선사

가휴 선사에게 어떤 이가 물었다.
"어떤 것이 동암(洞巖)의 바른 주인입니까?"
대사가 말하였다.
"열렸다."

"어떤 것이 화상께서 친절하게 사람을 위하시는 곳입니까?"
"큰 바다에는 송장이 머물지 않는다."

"어떤 것이 모든 것을 초월하여 초월했다는 것마저 없는 한 길입니까?"
대사가 옷을 들어 보였다.

"학인이 멀리서 왔으니 스님께서 방편을 베풀어 주십시오."
"방편을 다했다."

越州洞巖可休禪師。問如何是洞巖正主。師曰。開著。問如何是和尚親切爲人處。師曰。大海不宿死屍。問如何是向上一路。師舉衣領示之。問學人遠來請師方便。師曰。方便了也。

 토끼뿔

"어떤 것이 화상께서 친절하게 사람을 위하시는 곳입니까?" 했을 때

대원은 "항상 이랬다." 하리라.

정주(定州) 법해원(法海院) 행주(行周) 선사

행주 선사에게 어떤 이가 물었다.
"바람이 그치고 물결이 고요할 때에는 어떠합니까?"
대사가 말하였다.
"남쪽 담을 불어서 쓰러뜨려라."

"어떤 것이 도 가운데의 보배입니까?"
"광채는 드러내는 것이 아니다."
"그것이 아니다고는 마십시오."
"그러면 드러낸 것이다."

定州法海院行周禪師。問風恬浪靜時如何。師曰。吹倒南牆。問如何是道中寶。師曰。不露光。曰莫便是否。師曰。是即露也。

 토끼뿔

⌒ "바람이 그치고 물결이 고요할 때에는 어떠합니까?" 했을 때

대원은 "봄에는 씨 뿌리고 가을에 추수한다." 하리라.

⌒ "어떤 것이 도 가운데의 보배입니까?" 했을 때

대원은 죽비를 세웠을 것이다.

항주(杭州) 용정(龍井) 통(通) 선사

통(通) 선사에게 처서(處棲) 상좌가 물었다.
"어떤 것이 용정의 용입니까?"
대사가 말하였다.
"의기(意氣)가 천연(天然)하여 특별하니 신필(神筆)로도 그리지 못한다."
"어째서 그리지 못합니까?"
"뿔이 없는 무리에서 나왔기에 무리 가운데에는 같은 이가 없다."
"비를 뿌릴 줄 압니까, 모릅니까?"
"끝없는 세계에 두루 뿌리니, 곳곳에서 모두 열매를 맺는다."

杭州龍井通禪師。處棲上座問。如何是龍井龍。師曰。意氣天然別。神工畫不成。曰爲什麼畫不成。師曰。出群不戴角不與類中同。曰還解行雨也無。師曰。普潤無邊際處處皆結粒。

"종문 안의 일도 있습니까?"

대사가 말하였다.

"있다."

"어떤 것이 종문 안의 일입니까?"

"원래 형상을 가릴 수 없으나 사물에 응하는 데는 손색이 없느니라."

"어떤 것이 취모검(吹毛劍)입니까?"

"저 송장을 끌어내라."

曰還有宗門中事也無。師曰。有。曰如何是宗門中事。師曰。從來無形段應物不曾虧。問如何是吹毛劍。師曰。拽出死屍著。

 토끼뿔

"어떤 것이 취모검(吹毛劍)입니까?" 했을 때

대원은 "지금까지 이리 보고 저리 보고도 묻는 천치가 있구나." 하리라.
"참."

장주(漳州) 보복원(保福院) 종전(從展) 선사

종전 선사는 복주 사람으로 성은 진(陳)씨이다. 15세에 설봉에게 인사를 올리고 수업하다가 18세에 고향의 대중사(大中寺)에서 구족계를 받았다.

그리고는 오나라와 초나라 사이를 유행(遊行)하다가 나중에 돌아와서 시봉을 하는데, 어느 날 설봉이 불러 놓고 물었다.

"알겠는가?"

대사가 가까이 가려 하니, 설봉이 주장자로 밀어냈다. 대사가 당장 깨닫고 절을 한 후 물러갔다.

또 항상 고금의 방편을 들어 장경(長慶) 혜릉(慧稜) 화상에게 물으니, 장경이 퍽 갸륵히 여겼다. 장경 화상이 말하였다.

漳州保福院從展禪師。福州人也。姓陳氏。年十五禮雪峯為受業師。十八本州大中寺具戒。遊吳楚間。後歸執侍。雪峯一日忽召曰。還會麼。師欲近前。雪峯以杖拄之。師當下知歸。作禮而退。又常以古今方便詢於長慶稜和尚。稜深許之。長慶稜和尚有時云。

"차라리 아라한에게 삼독(三毒)[6]이 있다고 할지언정 여래께 두 가지 말이 있다고 말하지 말라. 이것은 여래께서 말이 없었다는 것이 아니라, 다만 여래께서는 두 가지 말이 없었다는 것이다."

이에 대사가 말하였다.

"어떤 것이 여래의 말입니까?"

장경이 말하였다.

"귀머거리가 어찌 들을 수 있으랴."

"화상께서 두 번째 것을 말씀하시는 줄은 분명히 알고 있었습니다."

장경이 도리어 물었다.

"어떤 것이 여래의 말인가?"

대사가 대답하였다.

"차나 마시지요."[7]

寧說阿羅漢有三毒。不說如來有二種語。不道如來無語。只是無二種語。師曰。作麼生是如來語。曰聾人爭得聞。師曰。情知和尚向第二頭道。長慶却問。作麼生是如來語。師曰。喫茶去(雲居錫云。什麼處是長慶向第二頭道處)。

---

6) 삼독(三毒) : 탐(貪)·진(瞋)·치(癡)의 세가지 번뇌.
7) 운거석(雲居錫)이 말하기를 "어느 곳이 장경이 두 번째 것을 말한 곳인고?" 하였다.

반산(盤山)이 말하기를 "광명과 경계가 모두 없어지면 다시 이 무슨 물건인가?"라고 하니, 동산(洞山)이 말하기를 "광명과 경계가 없어지기 전에는 다시 이 무슨 물건인가?"라고 말한 것을, 대사가 들어 말하였다.

"이 두 존숙(尊宿)이 말한 것도 오히려 분별을 끊지 못했습니다."

그리고는 장경에게 물었다.

"지금 어떻게 말해야 완전한 끊음이 되겠습니까?"

장경이 말없이 보이니, 대사가 말하였다.

"화상께서 귀신 굴속에 들어가 살림을 하시는 줄은 분명히 알고 있었습니다."

장경이 도리어 물었다.

"어떠한가?"

"두 손으로 보습을 잡으니 물이 무릎을 지납니다."

어느 날 장경이 물었다.

"색을 보면 곧 마음을 본다 했는데, 나룻배를 보았는가?"

因舉盤山云。光境俱亡復是何物。洞山云。光境未亡復是何物。師曰。據此二尊者商量猶未得勦絕。乃問長慶。如今作麼生道得勦絕。長慶良久。師曰。情知和尚向山鬼窟裏作活計。長慶却問。作麼生。師曰。兩手扶犁水過膝。一日長慶問。見色便見心。還見船子麼。

대사가 말하였다.

"보았습니다."

"나룻배는 그만두고, 어떤 것이 마음인가?"

대사가 얼른 나룻배를 가리켰다.[8]

설봉이 대중에게 "여러 상좌들이여, 망주정(望州亭)에 가서도 상좌들을 만났고, 오석령(烏石嶺)에 가서도 상좌들을 만났으며, 승당 앞에서도 상좌들을 만났다."라고 말한 것을, 대사가 아호(鵝湖)에게 들어 물었다.

"승당 앞에서 만난 것은 그만두고, 망주정과 오석령의 어디서 만났습니까?"

아호가 재빨리 방장으로 들어가니, 대사도 승당으로 돌아갔다.[9]

師曰。見。曰船子且置。作麼生是心。師却指船子(歸宗柔別云。和尚只解問人)。雪峯謂眾曰。諸上座。到望州亭與上座相見了。到烏石嶺與上座相見了。到僧堂前與上座相見了。師舉問鵝湖曰。僧堂前相見即且置只如望州亭烏石嶺什麼處是相見。鵝湖驟步入方丈。師歸僧堂(東禪齊云。此二尊宿會處是相見不相見。試斷看)。

---

8) 귀종유(歸宗柔)가 말하기를 "화상은 다만 남에게 물을 줄만 아시는군요." 하였다. (원주)

9) 동선제(東禪齊)가 말하기를 "이 두 존숙은 만난 자리에서 서로 본 것인가, 보지 못한 것인가? 판단해 봐라." 하였다. (원주)

양(梁)의 정명(貞明) 4년 정축(丁丑)에 장주 자사(漳州刺史) 왕공이 대사의 도덕을 흠모하여 보복선원을 짓고 대사를 맞아 살게 하였다.

개당(開堂)하는 날에 왕공이 꿇어앉아 세 번 절하고, 몸소 대사를 부축하여 법당에 오르게 하니, 대사가 말하였다.

"웃음거리를 일으켜서 무엇 하리오. 그러나 분별해서 모면하려는 것은 재삼 용서하지 않으리라. 여러분, 알겠는가? 만일 안다면 바로 옛 부처님과 어깨를 나란히 견주게 된다."

이때에 어떤 승려가 막 나와서 절을 하려는데, 대사가 말하였다.

"날씨가 좋은데 떠나지 않고, 비오는 날 머리를 감는구나."

그제서야 그 승려가 물었다.

"군수께서 불법을 숭상하여 절을 짓고 도풍을 크게 떨치게 하시니, 화상께서 종지의 가르침을 들어 제창해 주십시오."

대사가 말하였다.

"알겠는가?"

梁貞明四年丁丑歲漳州刺史王公欽承道譽創保福禪苑迎請居之。開堂日王公禮跪三請。躬自扶掖升堂。師曰。須起箇笑端作麼。然雖如此再三不容推免。諸仁者。還識麼。若識得便與古佛齊肩。時有僧出方禮拜。師曰。晴乾不肯去要待雨淋頭。僧乃申問曰。郡守崇建精舍大闡真風。便請和尚舉揚宗教。師曰。還會麼。

승려가 말하였다.

"그렇다면 중생들이 믿을 곳이 있겠습니다."

"그 더러운 것을 남에게 칠하지 않는 것이 좋겠다."

승려가 나와서 절을 하니, 대사가 말하였다.

"대덕은 그렇게 하는 것이 좋겠으나 배를 뒤집지는 말라."

"온통 잠자코 있을 때는 무엇으로 법칙을 삼습니까?"

"어느 곳에 떨어져 있는가?"

"모르겠습니다."

"조는 놈아, 나가거라."

대사가 어떤 승려를 보자 주장자로 돌기둥을 때리고, 또 그 승려의 머리를 때리니, 그 승려가 소리를 질렀다. 이에 대사가 말하였다.

"저것은 왜 아픈 줄을 모르는가?"

승려가 대답이 없었다.[10]

曰恁麼即群生有賴也。師曰。莫把那不淨塗污人好。僧出禮拜。師曰。大德好與麼莫覆却船子。問泯默將何爲則。師曰。落在什麼處。曰不會。師曰。瞌睡漢出去。師見一僧乃以杖子打露柱。又打其僧頭。僧作痛聲。師曰。那箇爲什麼不痛。僧無對(玄覺代云。貪行拄杖)。

---

10) 현각(玄覺)이 대신 말하기를 "주장자 사용하기를 퍽 좋아하시는군요." 하였다. (원주)

장주(漳州) 보복원(保福院) 종전(從展) 선사

승려가 물었다.

"마등(摩騰)[11]이 한(漢)에 들어왔을 때에는 하나의 장경(藏經)[12]이 분명하지만, 달마가 서쪽에서 왔을 때에는 무엇으로 가리켜 보여 주었습니까?"

대사가 말하였다.

"상좌가 행각한 일은 무엇인가?"

"모르겠습니다."

"모르거든 알도록 할지언정 옆집에 가서 남의 처분을 받지는 말라. 만일 오랫동안 총림에 있었으면서 조그마한 멀고 가까움마저도 정미롭고 자세하지 못하다면 곳을 따라 마음대로 해서야 진실하겠는가? 어찌 처음으로 마음을 낸 후학(後學)처럼 차례도 모르는가?

그 까닭에 산승(山僧)이 구업(口業)을 아끼지 않고 그대들에게 말하기를 '티끌같이 많은 겁의 일이 지금 그대로 있다.'라고 한 것이니 알겠는가? 그러므로 불법을 국왕, 대신, 군수에게 부촉했던 것이다.

問摩騰入漢一藏分明。達磨西來將何指示。師曰。上座行脚事作麽生。曰不會。師曰。不會會取好。莫傍家取人處分。若是久在叢林。粗委些子遠近。可以隨處任真。其有初心後學未知次序。山僧所以不惜口業。向汝道塵劫來事。只在如今。還會麽。然佛法付囑國王大臣郡守。

---

11) 마등(摩騰) : 중인도의 승려. 중국에 처음으로 불교를 전한 이로 백마사를 짓고 사십이장경(四十二章經) 등을 번역하였다.
12) 장경(藏經) : 부처님 경전.

옛날 부처님의 회상에서와 같이 지금도 그러하다. 만일 복록과 영화라면 말하지 않겠지만, 이것이 당시처럼 부처님의 부촉을 받는 일과 같음을 기억하는가?

만일 깨닫는다면 천 성인과 어깨를 나란히 하지만, 혹 알지 못한다면 도리를 깨닫는 믿음의 이 일은 남에게서 얻는 것이 아니며, 자기에게서도 얻는 것이 아니다.

말이 많으면 도(道)와는 더욱 멀어지고, 바로 말의 길이 끊기고 마음으로도 행할 곳이 없어졌다 하여도 오히려 옳지 않다. 너무 오래 서있었다. 안녕."

다른 날 법상에 올라 대중이 모이니 대사가 말하였다.

"어떤 사람이 불전(佛殿) 뒤를 지날 때에 그가 장삼이사(張三李四)[13]를 보았는데, 불전 앞을 지날 때에는 어째서 보지 못하는가? 말해 봐라. 불법의 이해(利害)가 어디에 있는가?"

昔同佛會今方如是。若是福祿榮貴則且不論。只如當時受佛付囑底事。還記得麼。若識得便與千聖齊肩。儻未識得直須諦信。此事不從人得。自己亦非。言多去道轉遠。直道言語道斷心行處滅。猶未是在。久立珍重。異日上堂。大眾雲集。師曰。有人從佛殿後過見是張三李四。從佛殿前過為什麼不見。且道佛法利害在什麼處。

---

13) 장삼이사(張三李四) : 장씨의 셋째 아들과 이씨의 넷째 아들이란 뜻으로 평범한 사람을 일컫는다.

어떤 승려가 말하였다.
"조금이라도 거친 경계가 있으면 볼 수 없기 때문입니다."
대사가 꾸짖고, 스스로가 대신 대답하였다.
"만약 불전이라면 볼 수 없다."
"이것을 불전이라고 하지 않으면 보겠습니까?"
"이것은 불전도 아닌데 무엇을 보겠는가?"

"하루 종일 어떻게 근원을 체험하리까?"
"꼭 근원을 체험하는 것이 좋겠다."
"학인은 어째서 보지 못합니까?"
"다시 눈을 비비지 말라."

"주인과 짝이 중중무진(重重無盡)하여 시방(十方)의 끝까지 제창(齊唱)한다 하니, 어떤 것이 시방의 끝까지 제창하는 것입니까?"
"그대는 왜 딴 사람을 시켜서 묻지 않는가?"

僧曰。爲有一分麁境所以不見。師乃叱之。自代曰。若是佛殿即不見。僧曰。不是佛殿還可見否。師曰。不是佛殿見什麼。問十二時中如何據驗。師曰。恰好據驗。曰學人爲什麼不見。師曰。不可更揑目去也。問主伴重重極十方而齊唱。如何是極十方而齊唱。師曰。汝何不教別人問。

"말에 의하여 뜻을 알 때에는 어떠합니까?"
"어떤 말에 의했는가?"
 승려가 머리를 숙이고 잠자코 있으니, 대사가 말하였다.
"번개 치는 듯한 기틀이거늘 공연히 수고롭게 생각하는구나."

"무위(無爲)의 바다에 들고자 하면 모름지기 반야선(船)을 타야 한다 하니, 어떤 것이 반야선입니까?"
"청해 봐라."
"이렇게 들어갈 때에는 어떠합니까?"
"역시 열반당 안에 있는 놈이구나."

대사가 승려가 밥 먹는 것을 보고, 발우를 들면서 말하였다.
"가문의 예삿일이다."
승려가 말하였다.
"화상은 무슨 마음이십니까?"

問因言辯意時如何。師曰。因什麼言。僧低頭良久。師曰。擊電之機徒勞佇思。問欲入無爲海須乘般若船。如何是般若船。師曰。便請。曰便恁麼進去時如何。師曰。也是涅槃堂裏漢。師見僧喫飯乃托鉢曰。家常。僧曰。和尚是什麼心行。

어떤 비구니가 와서 뵈니, 대사가 말하였다.

"누군가?"

시자가 각사고(覺師姑)[14]라고 대답하니, 대사가 말하였다.

"이미 각사고라면 여기에는 무엇 하러 왔는가?"

비구니가 말하였다.

"인의(仁義)의 도리가 없을 수 없습니다."

대사가 스스로 대신 말하였다.

"화상은 무슨 마음씨인가?"[15]

민수(閩帥)가 사자를 보내 붉은 도장을 전하니, 대사가 법상에 올라 말하였다.

有尼到參。師曰。阿誰。侍者報曰。覺師姑。師曰。既是覺師姑用來作麼。尼曰。仁義道中即不無。師自別云。和尚是什麼心行(玄覺因舉。法眼見僧擔土。乃以一塊土放擔上云。吾助汝。僧云。謝和尚慈悲。法眼不肯。有一僧別云。和尚是什麼心行。法眼便休。玄覺徵云。此二則語一般別有道理。什麼處是心行處)。閩帥遣使送朱記到。師上堂曰。

---

14) 각사고(覺師姑) : 수도하는 비구니를 가리키는 말.
15) 현각(玄覺)이 "법안(法眼)이 승려가 흙을 짊어지고 나르는 것을 보고 흙 한 덩어리를 보태면서 말하기를 '내가 그대를 도와주리라.' 하니, 승려가 말하기를 '화상의 자비에 감사합니다.' 하였는데, 이에 법안이 긍정하지 않았다. 한 승려가 따로 말하기를 '화상은 무슨 마음씨이십니까?' 하니, 법안이 그만 두었다."라는 이야기를 듣고, 현각이 말하기를 "이 두 가지 이야기가 같은가, 딴 도리가 있는가? 어디가 마음씨라는 곳인가?" 하였다. (원주)

"거두어 들인다하면 도장에 머무르는 것이고, 머무른다하면 도장이 부서진 것이다."

어떤 승려가 말하였다.

"거두어 들이지도 않고 머무르지도 않고 도장을 사용할 때에는 어떻게 됩니까?"

대사가 때리니, 승려가 말하였다.

"그러한 즉 산 속의 귀신 굴속이 오늘로 인하여 온전해졌습니다."

대사가 잠자코 있을 뿐이었다.[16]

대사가 어떤 승려에게 물었다.

"어디서 왔는가?"

"강서(江西)에서 왔습니다."

去即印住住即印破。僧曰。不去不住用印奚為。師乃打之。僧曰。恁麼即山鬼窟裏全因今日也。師默而已(玄覺云。什麼處是山鬼窟。叢林中道住在不去不住處。便是山鬼窟。所以打破。如此商量正是鬼窟。且道。保福打伊意作麼生)。師問僧。什麼處來。曰江西。

---

16) 현각(玄覺)이 말하기를 "어디가 산속의 귀신 굴인가? 총림에서는 말하기를 '가는 것도 오는 것도 아닌 자리에 머문다는 것이 곧 산 속의 귀신 굴이다. 그 까닭에 타파하였다.' 하는데, 그러한 분별이 바로 귀신 굴이다. 말해 봐라, 보복이 그를 때린 뜻이 무엇인가?" 하였다. (원주)

대사가 말하였다.
"배운 것이 무엇인가?"
"드러낼 수 없습니다."
"왜 그런가?"17)
승려가 대답이 없었다.

대사가 동산(洞山)의 진찬(眞讚)18)을 들어 말하였다.
"한갓 종이와 먹만을 보면 이것은 산중(山中) 사람이 아니다."
이에 어떤 승려가 물었다.
"어떤 것이 산중 사람입니까?"
"그대가 그려 봐라."
"총명한 아이가 아니었더라면 몇 번이나 그릴 뻔했습니다."
"그대는 총명한 아이구나."
"화상은 무슨 마음씨이십니까?"
"말이 인색하구나."

師曰。學得底那。曰拈不出。師曰。作麼生(法眼別云。謾語)。僧無對。師舉洞山眞讚云。徒觀紙與墨不是山中人。僧問。如何是山中人。師曰。汝試貌掠看。曰若不點兒幾成貌掠。師曰。汝是點兒。曰和尙是什麼心行。師曰。來言不豐。

---

17) 법안(法眼)이 따로 말하기를 "속이는 말이다." 하였다. (원주)
18) 진찬(眞讚) : 고승의 초상에 써 넣은 찬양하는 글.

대사가 어떤 승려가 돈 세는 것을 보고 손을 벌리면서 한푼 달라 하니, 그 승려가 말하였다.

"화상은 어찌하여 그런 처지에 이르셨습니까?"

"나는 이런 처지에 이르렀다."

"그런 처지에 이르렀거든 한푼 가져가십시오."

"그대는 어찌 그런 처지에 이르렀는가?"

대사가 어떤 승려에게 물었다.

"어디서 왔는가?"

"강서(江西)의 관음원(觀音院)에서 옵니다."

"그러면 관음을 뵈었는가?"

"보았습니다."

"왼쪽에서 보았는가, 오른쪽에서 보았는가?"

"볼 때에 좌우를 거치지 않습니다."[19]

師見僧數錢乃展手曰。乞我一錢。曰和尚因何到恁麼地。師曰。我到恁麼地。曰若到恁麼地將取一文去。師曰。汝為何到恁麼地。師問僧什麼處來。曰江西觀音。師曰。還見觀音麼。曰見。師曰。左邊見右邊見。曰見時不歷左右(法眼別云如和尚見)。

---

19) 법안(法眼)이 따로 말하기를 "화상이 보시는 것과 같습니다." 하였다. (원주)

장주(漳州) 보복원(保福院) 종전(從展) 선사 93

승려가 물었다.

"어떤 것이 불에 들어가도 타지 않고, 물에 들어가도 빠지지 않는 것입니까?"

대사가 말하였다.

"물과 불이라면 벌써 빠짐과 태움을 당했다."

대사가 반두(飯頭)에게 물었다.

"가마솥의 넓이가 얼마나 되는가?"

"화상께서 헤아려 보십시오."

대사가 손으로 재는 시늉을 하니, 그가 말하였다.

"화상은 저를 속이지 마십시오."

"그대가 도리어 나를 속이는구나."

"낳음 없는 길을 통달하고자 하면 의당 본원(本源)을 알아야 한다 하니, 어떤 것이 본원입니까?"

대사가 말없이 보이고, 불쑥 시자에게 물었다.

問如何是入火不燒入水不溺。師曰。若是水火即被燒溺。師問飯頭。鑊闊多少。曰和尚試量看。師以手作量勢。曰。和尚莫謾某甲。師曰。却是汝謾我。問欲達無生路應須識本源。如何是本源。師良久却問侍者。

"아까 그 승려가 무엇을 물었는가?"
그 승려가 다시 물으니, 대사가 할(喝)을 하고 쫓아내면서 말하였다.
"나는 귀머거리가 아니다."

"학인이 요사이 총림에 들어왔으니, 스님께서 깨달아 들어갈 길을 완전하게 보여 주십시오."
"만일 완전히 보이려고 하면 내가 도리어 그대에게 절을 해야 한다."

대사가 어떤 승려를 보고 말하였다.
"그대는 무슨 업을 지었기에 그렇게 키가 큰가?"
"화상은 얼마나 작습니까?"
대사가 몸을 움추리고 작은 시늉을 하니, 승려가 말하였다.
"화상은 사람을 속이지 않는 것이 좋겠습니다."
"그대가 나를 속이는구나."

適來僧問什麼。其僧再擧。師乃喝出。曰我不患聾。問學人近入叢林乞師全示入路。師曰。若敎全示我却禮拜汝。師見一僧乃曰。汝作什麼業來得恁麼長大。曰和尚短多少。師蹲身作短勢。僧曰。和尚莫謾人好。師曰。却是汝謾我。

대사가 시자를 시켜 융수(隆壽) 장로를 청하면서 말하였다.

"꼭 혼자서 오시오. 시자를 데리고 오시지 마시오."

융수가 말하였다.

"데리고 오는 것도 허락하지 않는데, 어찌 여읠 수는 있겠는가?"

대사가 말하였다.

"퍽이나 은혜롭고 자비로우시군요."

융수가 대답이 없으니, 대사 스스로가 대신 대답하였다.

"화상의 상족(上足)[20]께서 전하여 보여 주신 일을 다시 감사합니다."

대사가 보복원에 머무른 지 거의 1기(一紀)[21] 동안에 학자들이 항상 칠백 명에서 줄지 않았고, 근기들을 지도하여 중생을 이롭게 하던 일은 이루 다 기록할 수 없었다. 민수(閩帥)가 존중히 여기어 위에 주청(奏請)[22]하여 관복을 하사하였다.

師令侍者屈隆壽長老云。但獨自來莫將侍者來。壽曰。不許將來爭解離得。師曰。大殺恩愛。壽無對。師自代曰。更謝和尙上足傳示。師住保福僅一紀。學眾常不下七百。其接機利物不可備錄。閩帥禮重為奏命服。

---

20) 상족(上足) : 여러 승려 가운데 스승의 대를 이을 높은 사람.
21) 1기(一紀) : 12년.
22) 주청(奏請) : 임금에게 벼슬자리나 상을 내려주기를 청하는 것.

당(唐)의 천성(天成) 3년 무자(戊子)에 경미한 병이 났는데, 어떤 승려가 방장실에 들어와서 문안을 하니, 대사가 말하였다.

"내가 그대를 안 지 여러 해가 되었는데, 어떤 방법으로 나를 구제해 주려는가?"

승려가 말하였다.

"방법이 있긴 하나 들건대 화상께서는 입조심을 할 줄 모르신다더군요."[23]

대사가 또 대중에게 말하였다.

"내가 10여 일 동안 기력이 없어 피곤한 것은 딴 일이 아니라 단지 때가 왔을 뿐이다."

어떤 승려가 물었다.

"때가 왔다면 스님께서 가신다 해야 옳습니까, 머무신다 해야 옳습니까?"

대사가 말하였다.

"말해 봐라."

唐天成三年戊子示有微疾。僧入丈室問訊。師謂之曰。吾與汝相識年深。有何方術相救。僧曰。方術甚有。聞說和尚不解忌口(法燈別云。和尚解忌口麽)。又謂眾曰。吾旬日來氣力困劣別無他。只是時至。僧問。時既至矣。師去即是住即是。師曰。道。

---

23) 법등(法燈)이 따로 말하기를 "화상은 입조심을 하실 줄 아십니까?" 하였다.

승려가 말하였다.
"이러-하니 제가 찰나도 함부로 못하겠습니다."
대사가 말하였다.
"돈 잃고 벌 받는구나."
말을 마치자 가부좌를 맺고 앉아서 입적하니, 3월 21일이었다.

曰恁麼即某甲不敢造次。師曰。失錢遭罪。言訖跏趺告寂。即三月二十一日也。

 토끼뿔

∽ "이 두 존숙(尊宿)이 말한 것도 오히려 분별을 끊지 못했다." 했을 때

대원은 "보복이여, 눈 위에 서리로세." 하리라.

∽ "승당 앞에서 만난 것은 그만두고, 망주정과 오석령의 어디서 만났습니까?" 했을 때

대원은 "망주석, 오석령이다." 하리라.

∽ "온통 잠자코 있을 때는 무엇으로 법칙을 삼습니까?" 했을 때

대원은 "이것이다." 하며, 한 대 때렸을 것이다.

∽ "만약 불전이라면 볼 수 없다." 했을 때

대원은 박장대소하고 "차나 드시오." 했을 것이다.

장주(漳州) 보복원(保福院) 종전(從展) 선사

∽ "배운 것이 무엇인가?" 했을 때

대원은 "처마 끝의 참새가 누설한다." 하리라.

천주(泉州) 수용산(睡龍山) 홍교(弘敎) 도부(道溥) 대사

도부 대사는 복주(福州) 복당(福唐) 사람으로 성은 정(鄭)씨이다. 보림원(寶林院)에서 업을 닦다가 설봉의 인가를 받은 뒤에 오봉(五峯)에 살았다.

법상에 올라 말하였다.

"공산(空山)에서 이 기다림이 없다고 하지 말라."

그리고는 방장으로 돌아갔다.

어떤 승려가 물었다.

"온갖 말은 대천(大千)세계의 정상을 벗어나지 못한다 하니, 정상 밖의 일은 어떠합니까?"

대사가 말하였다.

"온갖 말은 대천세계의 정상이 못되느니라."

泉州睡龍山道溥號弘敎大師。福州福唐人也。姓鄭氏。寶林院受業。自雪峯印心住五峯。上堂曰。莫道空山無祇待。便歸方丈。僧問。凡有言句不出大千頂。未審頂外事如何。師曰。凡有言句不是大千頂。

"어떤 것이 대천세계의 정상입니까?"

"마혜수라천(摩醯首羅天)[24]도 역시 소천(小千)세계이니라."

"학인이 처음으로 총림에 들어왔으니, 방편문 가운데서 스님께서 가리켜 보여 주십시오."

대사가 문턱을 두드리니, 그 승려가 말하였다.

"구경에도 일이 있습니까?"

"있다."

"어떤 것이 구경의 일입니까?"

대사가 다시 문턱을 두드렸다.

曰如何是大千頂。師曰。摩醯首羅天猶是小千界。問初心後學近入叢林方便門中乞師指示。師敲門枋。僧曰。向上還有事也無。師曰。有。曰如何是向上事。師再敲門枋。

---

24) 마혜수라천(摩醯首羅天) : 색계의 제4선천의 맨 꼭대기에 있으며 대자재천이 머문다.

 토끼뿔

"구경에도 일이 있습니까?"에 대해

대원은 묵연중에 파안미소였다.

항주(杭州) 용흥(龍興) 종정(宗靖) 선사

종정 선사는 태주(台州)사람이다. 처음에 설봉에게 참문하여 비밀히 인가를 받은 뒤에 자진해서 반두(飯頭)의 소임을 맡아 10여 년 동안을 수고하였다.

일찍이 큰방에서 팔 하나를 걷어 올리고 발〔簾〕을 치는데, 설봉이 보고 예언하였다.

"그대가 뒷날에 주지가 되면 승려가 천 명이 있겠으나 그 가운데 선승은 하나도 없으리라."

대사가 허물을 뉘우치고 고향으로 돌아와서 육통원(六通院)에 살았다. 이어 전왕(錢王)이 용흥사(龍興寺)에 살라 하니, 무리가 천이 넘었으나 모두가 삼학을 읽고 외우는 무리일 뿐이어서 과연 설봉의 예언과 같았다.

杭州龍興宗靖禪師。台州人也。初參雪峯密承宗印。乃自誓充飯頭。服勞逾十載。嘗於眾堂中袒一膊釘簾。雪峯覩而記曰。汝向後住持有千僧。其中無一人衲子也。師悔過辭歸故鄉住六通院。錢王命居龍興寺。有眾千餘唯三學講誦之徒。果如雪峯所誌。

주(周)의 광순(廣順) 초에 81세가 되었는데, 전왕이 그 절의 대전(大殿)에서 위없는 법을 설해 주기를 청하니 승속이 모여들었다.

어떤 승려가 물었다.
"어떤 것이 육통의 특별한 말씀입니까?"
대사가 말하였다.
"온 천하가 벌써 이야기했다."
"어떤 것이 육통의 가풍입니까?"
"한 벌의 베 누더기가 한 근 남짓하니라."

"어떤 것이 학인이 나아갈 한 길입니까?"
"누가 감히 그대를 속이겠는가?"
"어찌 방편이 없겠습니까?"
"벌써 억눌린 것이니라."

周廣順初年八十一。錢王請於寺之大殿演無上乘。黑白駢擁。僧問。如何是六通奇特之唱。師曰。天下舉去。問如何是六通家風。師曰。一條布衲一斤有餘。僧問。如何是學人進前一路。師曰。誰敢謾汝。曰豈無方便。師曰。早是屈抑也。

승려가 물었다.

"어떤 것이 화상의 가풍입니까?"

대사가 말하였다.

"새벽에는 죽이요, 낮에는 밥이니라."

"화상께서 다시 말씀해 주십시오."

"나는 피곤하다."

"끝내 어떻게 해야 합니까?"

대사가 껄껄 웃기만 하였다.

전왕이 더욱 존중히 여겨 자주 고을로 모셔 들이고, 처음으로 주지하던 절 이름을 따서 육통 대사라 불렀다.

현덕(顯德) 원년 갑인(甲寅) 늦겨울에 입멸하니, 수명은 84세였고, 탑은 대자산(大慈山)에 세웠다.

問如何是和尙家風。師曰。早朝粥齋時飯。曰更請和尙道。師曰。老僧困。曰畢竟作麼生。師大笑而已。錢王特加禮重屢延入府。以始住院署六通大師。顯德元年甲寅季冬月示滅。壽八十四。塔於大慈山。

 토끼뿔

"어떤 것이 학인이 나아갈 한 길입니까?" 했을 때

대원은 "이렇게 하는 것이다." 하리라.

복주(福州) 남선(南禪) 계번(契璠) 선사

계번 선사가 법상에 올라 말하였다.
"만일 유명한 말이나 묘한 구절이라면 제방에서 모두 말해 마쳤다. 오늘 이 대중에서 제일의(第一義)를 초월하여 한마디 할 이가 있는가? 있다면 사람을 저버리지 않는 것이 된다."
이때에 어떤 승려가 물었다.
"어떤 것이 제일의입니까?"
대사가 말하였다.
"왜 제일의를 묻지 않는가?"
"드러난 것을 묻는군요."
"벌써 제이의(第二義)에 떨어졌다."

"옛 부처님의 곡조로서 스님께서 화답해 주십시오."
"나는 그대의 어지러운 소리에 화답하지 않겠다."

福州南禪契璠禪師。上堂曰。若是名言妙句諸方總道了也。今日眾中還有超第一義者致得一句麼。若有即不孤負於人。時有僧問。如何是第一義。師曰。何不問第一義。曰見問。師曰。已落第二義也。問古佛曲調請師和。師曰。我不和汝雜亂底。

"그러면 누구를 위해 화답하시겠습니까?"
"어디를 갔다 왔는가?"

曰未審爲什麼人和。師曰。什麼處去來。

 토끼뿔

"옛 부처님의 곡조로서 스님께서 화답해 주십시오." 했을 때

대원은 "그렇지 않은 적이 없었다." 하리라.

월주(越州) 제기현(諸暨縣) 월산(越山) 사내(師鼐) 선사

사내 선사의 호는 감진(鑒真)이다. 처음에 설봉에게 참문하여 수행하였는데, 나중에 민왕(閩王)의 청을 받아 청풍루(淸風樓)에서 공양을 하다가 오래 앉았던 끝에 눈을 번쩍 들어 햇빛을 보고, 홀연히 깨닫고는 게송을 읊었다.

  청풍루에서 관원의 공양을 받다가
  평생의 안목이 활연히 열리고야

越州諸暨縣越山師鼐號鑒真禪師。初參雪峯而染指。後因閩王請於淸風樓齋。坐久。擧目忽覩日光。豁然頓曉。而有偈曰
  淸風樓上赴官齋
  此日平生眼豁開

보통(普通)[25] 때의 멀고 먼 일이
총령(葱嶺)을 거쳐서 온 것이 아닌 줄 알았네

돌아와서 설봉에게 바치니, 설봉이 옳다고 긍정하였다.

어떤 승려가 물었다.
"어떤 것이 부처의 몸입니까?"
대사가 말하였다.
"그대는 어느 부처님의 몸을 물었는가?"
"석가 부처님의 몸을 물었습니다."
"혀가 삼천대천세계를 덮었다."

대사가 임종할 때에 대중이 모이니, 보이고 게송 하나를 읊었다.

方知普通年遠事
不從葱嶺路將來
歸呈雪峯。雪峯然之。僧問。如何是佛身。師曰。汝問那箇佛身。曰釋伽佛身。師曰。舌覆三千界。師臨終時集眾。示一偈曰。

---

25) 보통(普通) : 양무제 때의 연호인데, 여기서는 달마 대사가 온 일을 말한다.

눈 광명을 따라 색이 다하고
귀 의식을 쫓아 소리 없을 뿐
근원에서 영위함 별 뜻 없고
오늘과 내일이니라

게송을 마치자 가부좌를 맺고 앉아서 떠났다.

眼光隨色盡
耳識逐聲消
還源無別旨
今日與明朝
偈畢跏趺而逝。

 토끼뿔

"어떤 것이 부처의 몸입니까?"에 대해

대원은 검지로 죽비를 가리켰을 것이다.
"험."

남악(南嶽) 금륜(金輪) 가관(可觀) 선사

가관 선사는 복주(福州)의 복당(福唐) 사람으로 성은 설(薛)씨이다. 석불사(石佛寺)의 제합(齊合) 선사에 의해 머리를 깎고 계를 받은 뒤 바로 설봉에게 참문하니, 설봉이 말하였다.
"가까이 오라."
대사가 앞에 가서 막 절을 하려는데, 설봉이 발을 들어 밟으니, 대사가 홀연히 깨달았다. 이때부터 스승으로 12년을 섬기고, 다시 총림으로 두루 다니다가 남악의 법륜봉에 가서 살았다.

대사가 법상에 올라 대중에게 말하였다.
"내가 설봉에 있을 때에 그에게 한 차례 밟히고 아직까지 눈을 뜬 적이 없으니, 이 무슨 경계인가? 알 수 없다."

南嶽金輪可觀禪師。福州福唐人也。姓薛[26]氏。依石佛寺齊合禪師披剃。戒度既圓。便參雪峯。雪峯曰。近前。師方近前作禮。雪峯舉足蹋之。師忽然冥契。師事十二載。復歷叢林止南嶽法輪峯。師上堂謂眾曰。我在雪峯遭他一蹋。直至如今眼不開。不知是何境界。

---

26) 薛이 원나라본에는 蘇로 되어 있다.

어떤 승려가 물었다.
"어떤 것이 서쪽에서 오신 뜻입니까?"
대사가 말하였다.
"옳지 않다."

대중이 야참(夜參)[27]을 마치고 법당에서 내려오는데, 대사가 불렀다.
"대중들아."
대중이 고개를 돌리니, 대사가 말하였다.
"달을 좀 봐라."
대중이 달을 쳐다보니, 대사가 말하였다.
"달은 만궁(彎弓)[28]과 같은데 비는 적고 바람은 많겠구나."
대중이 대답이 없었다.

僧問。如何是西來意。師曰。不是。大眾夜參後下堂。師召曰大眾。眾迴首。師曰。看月。大眾看月。師曰。月似彎弓少雨多風。眾無對。

---

27) 야참(夜參) : 밤에 법문을 청하는 것.
28) 만궁(彎弓) : 활을 당긴 모양.

승려가 물었다.

"옛사람이 말하기를 '비로자나불도 스승이 있고, 법신도 주인이 있다.'라고 하는데, 어떤 것이 비로자나의 스승이며 법신의 주인입니까?"

대사가 말하였다.

"평상 위에다 또 평상을 포개지 말라."

"어떤 것이 일용(日用)의 일입니까?"

대사가 손뼉을 세 번 치니, 승려가 말하였다.

"학인이 이 뜻을 잘 모르겠습니다."

"다시 무엇을 기다리는가?"

"위로부터의 종승(宗乘)은 어떻게 남을 위합니까?"

"나는 오늘 차를 마시지 않았다."

"스님께서 가리켜 보여 주십시오."

"지나갔다."

問古人道。毘盧有師法身有主。如何是毘盧師法身主。師曰。不可床上安床。問如何是日用事。師拊掌三下。僧曰。學人未領此意。師曰。更待什麼。問從上宗乘如何為人。師曰。我今日未喫茶。曰請師指示。師曰。過也。

"옳은 것은 묻지 않습니다. 스승으로 모시겠으니 가리켜 주십시오."

"고양이를 안아라."

대사가 어떤 승려에게 물었다.
"어디서 왔는가?"
"화광(華光)에서 왔습니다."
대사가 곧 밀어내고 문을 닫으니, 승려는 아무런 대답이 없었다.

"길에서 도(道)를 통달한 이를 만나거든 말이나 침묵으로써 대하지 말라 하니, 어떤 것으로 대해야 합니까?"
대사가 꾸짖어 쫓아 버렸다.

대사가 승려에게 물었다.
"어떤 것이 목전의 일인가?"
"스님께서 본보기를 보여 주십시오."
"그렇게 말하면 맞겠는가?"

問正則不問請師傍指。師曰。抱取猫兒去。師問僧。什麽處來。曰華光。師即托出閉却門。僧無對。問路逢達道人不將語默對未審將何對。師曰。咄出去。師問僧。作麽生是覿面事。曰請師鑒。師曰。恁麽道還當麽。

"그렇다 해도 곧 옳지 않습니다."
"특별한 이것은 오래된 온통이구려."

"어떤 것이 신령스런 근원의 한 길입니까?"
"밟고 지나다녀서 무엇 하겠는가?"

설봉의 원주(院主)가 서신을 보내 대사를 청하였다.
"산두(山頭, 설봉) 화상이 나이가 많으신데, 장로께서는 왜 산으로 들어와서 법을 펴시지 않습니까?"
대사가 답서를 보냈다.
"산두 화상이 특별한 견해가 생기면 산으로 들어가겠다."

어떤 승려가 물었다.
"어떤 것이 설봉의 견해입니까?"
대사가 말하였다.
"나도 놀랐다."

　　曰故為即不可。師曰。別是一著。問如何是靈源一路。師曰。踏過作麼。雪峯院主有書來招師曰。山頭和尚年尊也長老何不再入嶺一轉。師迴書曰。待山頭和尚別有見解即入嶺。有僧問。如何是雪峯見解。師曰。我也驚。

 토끼뿔

 ∽ "내가 설봉에 있을 때에 그에게 한 차례 밟히고 아직까지 눈을 뜬 적이 없으니, 이 무슨 경계인가? 알 수 없다." 했을 때

 대원은 방자리를 두 번 쳤을 것이다.

 ∽ "길에서 도(道)를 통달한 이를 만나거든 말이나 침묵으로써 대하지 말라 하니, 어떤 것으로 대해야 합니까?" 했을 때

 대원은 "이렇게 대한다." 하리라.

천주(泉州) 복청원(福淸院) 현눌(玄訥) 선사

현눌 선사는 고려(高麗) 사람이다. 처음에 복청원에서 살면서 상골(象骨)의 법등을 전하니, 학자들이 사모하여 귀의하였다.
천주 군수 왕공(王公)이 물었다.
"어떤 것이 종승 안의 일입니까?"
대사가 꾸짖었다.

"어떤 것이 보는 것마다 보리(菩提)인 것입니까?"
"그대는 반년 동안의 양식을 잃었느니라."
"어째서 반년 동안의 양식을 잃었다 하십니까?"
"남의 쌀 한 말을 탐냈기 때문이다."

泉州福淸院玄訥禪師。高麗人也。初住福淸道場傳象骨之燈。學者歸慕。泉守王公問。如何是宗乘中事。師叱之。僧問。如何是觸目菩提。師曰。闍梨失却半年糧。曰爲什麼失却半年糧。師曰。只爲圖他一斗米。

"어떤 것이 청정법신(淸淨法身)입니까?"
"청개구리와 지렁이니라."

"교리에서 말하기를 '오직 하나인 굳세고 비밀한 몸이 온갖 티끌 속에 나타난다.'라고 하니, 어떤 것이 굳세고 비밀한 몸입니까?"
"당나귀와 말과 고양이니라."
"스님께서 가리켜 보여 주십시오."
"당나귀와 말도 모르는가?"

"어떤 것이 물물(物物) 위에서 분명히 밝힌다는 것입니까?"
대사가 한 발을 뻗어 보였다.

대사가 복청원에 있는 20년 동안에 현묘한 도풍을 크게 떨치다가 본산에서 임종하였다.

問如何是淸淨法身。師曰。蝦蟆曲蟮。問敎云。唯一堅密身一切塵中現。如何是堅密身。師曰。驢馬猫兒。曰乞師指示。師曰。驢馬也不會。問如何是物物上辨明。師展一足示之。師住福淸二十年。大闡玄風終於本山。

 토끼뿔

"교리에서 말하기를 '오직 하나인 굳세고 비밀한 몸이 온갖 티끌 속에 나타난다.'라고 하니, 어떤 것이 굳세고 비밀한 몸입니까?" 했을 때

대원은 "바로 그것이다." 하리라.

천주(泉州) 복청원(福淸院) 현눌(玄訥) 선사

소주(韶州) 운문산(雲門山) 문언(文偃) 선사

문언 선사[29]는 고소(姑蘇)의 가흥(嘉興) 사람으로 성은 장(張)씨이다.

처음에는 목주(睦州)의 진(陳) 존숙(尊宿)에게서 대지(大旨)를 깨달았고, 나중에 설봉에게 가서 현묘한 요지를 더욱 연마하였다. 이어 대중 속에 자취를 감췄는데, 소주의 영수(靈樹) 민(敏) 선사가 법회에서 제일좌의 자리에 앉혔다.

민 선사가 열반에 들려 할 때에 광주(廣主)에게 글을 보내 대사로 하여금 뒤를 이어 주지를 하도록 했으나, 대사는 근본을 잊지 않고 설봉을 스승으로 삼았다.

개당(開堂)하는 날에 광주가 몸소 나와서 물었다.

"제자가 묻습니다."

대사가 말하였다.

韶州雲門山文偃禪師。姑蘇嘉興人也。姓張氏。初參睦州陳尊宿發明大旨。後造雪峯而益資玄要。因藏器混眾。於韶州靈樹敏禪師法席居第一座。敏將滅度遺書於廣主。請接踵住持。師不忘本以雪峯為師。開堂日廣主親臨問曰。弟子請益。師曰。

---

29) 문언 선사(864 ~ 949).

"눈앞에 딴 길이 없다."[30]

또 대사가 말하였다.

"오늘 여러분을 속인다 하지 말라. 어쩔 수 없어서 여러분들 앞에 한바탕 어지럽혔는데, 홀연히 눈 밝은 사람을 만나면 한바탕 웃음거리라 하리라. 그러나 지금 피할 수도 없다. 그대들에게 묻건대, 위로부터 어떤 일이 있었으며 무엇이 조금이라도 부족했는가? 그대들에게 일이 없다 하여도 그것도 그대들을 속이는 것이니, 모름지기 이러-한 경지에 이르러야 한다.

또 입을 따라 어지러이 묻지도 말라. 자신의 마음속이 캄캄하다가는 내일 아침이나 뒷날에 큰 일이 날 것이다. 만일 그대들이 근성(根性)이 둔한 무리라면, 옛사람이 교화를 펴던 문중에 가서 동쪽과 서쪽을 둘러보면서 이것이 무슨 도리인가를 관(觀)해 봐라.

目前無異路(法眼別云。不可無益於人)。師云。莫道今日謾諸人好。抑不得已向諸人前作一場狼藉。忽遇明眼人見謂之一場笑具。如今亦不能避得也。且問你諸人。從上來有什麼事。欠少什麼。向你道無事 亦是謾你也。須到這田地始得。亦莫趁口亂問。自己心裏黑漫漫地。明朝後日大有事在。你若是根性遲迴。且向古人建化門庭東覷西覷看。是箇什麼道理。

---

30) 법안(法眼)이 따로 말하기를 "남에게 이로움이 없게 할 수는 없다." 하였다. (원주)

그대들이 알고자 하는가? 모두가 그대들 스스로 한량없는 겁으로부터 망상의 두터운 인연으로 해서, 온통인 경지의 분의 말을 들으면 선뜻 의심을 낸다.

부처를 묻고, 조사를 묻고, 향상과 향하를 물어서 알음알이로 찾고 구하면 더욱 교섭할 수 없다. 마음으로 망설여도 어긋나거늘 하물며 다시 말할 것이 있으랴. 마음에 망설이지 않는 것이 옳지 않겠는가? 다시 무슨 일이 있으랴. 안녕."

대사가 법상에 올라 말하였다.
"내가 어쩔 수 없는 일이어서 여러분에게 당장에 일이 없다 했지만 벌써 그대들을 묻어버린 것이다.

그대들이 다시 앞으로 나아가려 하여 앞을 향해 말을 찾고, 구절을 좇아 알음알이로 찾아 구하고, 천 가지 만 가지로 온갖 질문을 하여도 다만 한바탕 입으로 어지럽혔을 뿐이다.

汝欲得會麼。都緣是汝自家無量劫來妄想濃厚。一期聞人說著便生疑心。問佛問祖。向上向下求覓解會。轉沒交涉。擬心即差。況復有言。莫是不擬心是麼。更有什麼事。珍重。師上堂云。我事不獲已。向你諸人道直下無事。早是相埋沒了也。你諸人更擬進步。向前尋言逐句求覓解會。千差萬巧廣設問難。只是贏得一場口滑。

도(道)와는 더욱 멀어지니 무슨 쉴 때가 있으랴. 이 일이 만일 언어 위에 있다면, 삼승과 십이분교에 언어가 없지 않거늘 어찌하여 교리 이외에 따로 전한다 했으리오. 만일 배워서 아는 것으로 기틀과 지혜를 얻는 것이라면, 십지 성인처럼 빗발 같고 구름같이 설법한다 해도, 견성하는 데에는 얇은 비단이 막힌 것 같다고 꾸지람을 하셨겠는가?

이것으로 미루어 알건대 일체 어떤 것에도 마음을 두면 하늘과 땅처럼 멀어져 버린다. 그러나 깨달은 사람은 불을 이야기해도 타지 않는 것과 같고, 입이 종일토록 일을 말하여도 일찍이 입술이나 이에 걸친 적도 없으며, 한 글자에도 집착하여 말하지 않고, 종일토록 옷을 입고 밥을 먹어도 한 알의 쌀에 닿거나 한 올의 실도 걸친 적이 없다. 비록 이와 같다 하여도 오히려 문 밖 뜰의 말이니라.

去道轉遠有什麼休歇時。此箇事若在言語上。三乘十二分教豈是無言語。因什麼更道教外別傳。若從學解機智得。只如十地聖人說法如雲如雨。猶被呵責。見性如隔羅縠。以此故知一切有心天地懸殊。雖然如此若是得底人。道火不可燒[31]。終日說事不曾掛著脣齒。未曾道著一字。終日著衣喫飯。未嘗觸著一粒米掛一縷線。雖然如此猶是門庭之說也。

---

31) 燒 다음에 원나라본에는 口가 있다.

얻으려면 실제로 얻어야 하니, 그렇게 하여야 옳다. 만일 납승(衲僧) 문하의 일로써 말한다면, 글귀 속에 기틀을 드러낸다 해도 수고롭게 생각에 머문 것이요, 설사 한 구절 끝에 알아들었다고 해도 역시 낮잠을 자는 놈이다."

대사가 말하였다.
"삼승십이분교에서 이렇게 저렇게 말하고, 천하의 노화상이 자유자재로 온갖 설법을 하였으니, 나에게 바늘 끝과 칼끝으로 집어내듯 한 도리를 말해 봐라. 이렇게 말하더라도 벌써 죽은 말[馬]을 치료하는 짓이다. 비록 이와 같다 해도 장차 몇 사람쯤이나 이러한 경계에 이르겠는가? 감히 그대들의 말속에 메아리가 숨어있고, 구절 속에 예리한 기세가 있으리라고는 바라지 않는다.
눈을 깜박하면 천리의 차이가 생기고, 바람이 쉬면 물결이 고요해진다. 복유상향(伏惟尙饗)[32]. 안녕."

得實得恁麽始得。若約衲僧門下。句裏呈機徒勞佇思。直饒一句下承當得。猶是瞌睡漢。師云。三乘十二分教橫說竪說。天下老和尚縱橫十字說。與我捻針鋒說底道理來看。恁麽道早是死馬醫。雖然如此且有幾箇到此境界。不敢望汝言中有響句裏藏鋒。瞬目千差風恬浪靜。伏惟尙饗。珍重。

---

32) 복유상향(伏惟尙饗) : 제사 지낼 때 제문의 끝에 쓰이는 말.

대사가 법상에 올라 말하였다.

"여러 형제들이 모두가 제방으로 다니면서 선지식을 참문하는 것은 생사를 결택하려는 것인데, 도처의 선지식께서 베푸신 방편이 어찌 없으셨겠는가? 도리어 깨치지 못한 구절이 있었던가? 나와서 이야기해 봐라. 나와 여러분이 함께 헤아려 보자."

이때에 어떤 승려가 나와서 절을 하고 말을 하려는데, 대사가 말하였다.

"가거라. 서천(西天)의 길은 멀고 멀어서 10만여 리나 된다."

"학인의 부처의 바탕이라면 왜 이낱을 생각하고 헤아려야 합니까?"

"대중이 너무 오래 서 있었다."

대사가 말하였다.

"일칙(一則)을 들어 말해서 그대들로 하여금 당장에 이해하게 한다 해도, 벌써 그대들의 머리 위에다 똥물을 뿌린 것이다.

師上堂云。諸兄弟。盡是諸方參尋知識決擇生死。到處豈無尊宿垂慈方便之詞。還有透不得底句麼。出來舉看。老漢大家共你商量。時有僧出來禮拜擬舉次。師云。去去。西天路迢迢十萬餘。問學人簇簇地商量箇什麼。師云。大眾久立。師云。舉一則語。教汝直下承當。早是撒屎著汝頭上。

설사 한 터럭을 들어 온누리를 일시에 밝힌다 하여도 역시 살을 긁어서 종기를 만드는 것이다.

비록 그러하나 그대들은 실답게 그러한 경지에 이르러야 한다. 만일 간절하지 않으면 허공을 빼앗으려 하듯이 얻지 못할 것이니, 뒤로 물러나 자기의 발밑을 향해 찾아라. 이것이 무슨 도리를 보라는 것이겠는가? 진실로 털끝만큼도 그대들이 알 것도 없고, 그대들이 의심할 것도 없다.

그대들은 제각기 자기의 큰 일이 앞에 나타나서 한 털끝만큼도 번거로움 없이 그대들 그대로 불조와 조금도 다름이 없다. 그대들 스스로 믿음의 근기가 얇고 악업이 두터워서 돌연히 허다한 견해를 일으켜 발우를 짊어지고 천리만리를 다니면서 헛된 수고를 하지만, 그대들에게 무엇이 부족한가? 대장부라면 누구에겐들 자격이 없으랴.

直然拈一毫頭。盡大地一時明得。也是剜肉作瘡。雖然如此汝亦須實到這箇田地始得。若未切不得掠虛。却退步向自己根脚下推尋。看是箇甚麼道理。實無絲髮與汝作解會與汝作疑惑。汝等各各且當人一段事大用現前。更不煩汝一毫頭氣力。便與祖佛無別。自是諸人信根淺薄惡業濃厚。突然起得許多頭角。擔鉢囊千鄉萬里受屈。且汝諸人有什麼不足處。大丈夫漢阿誰無分。

보자마자 알아차렸다 해도 오히려 옳지 않으니, 남의 속임수나 남의 처분을 받지 말라.

노화상들은 입을 움직이는 것을 보기만 하면 얼른 돌을 가지고 입을 막기를 좋아한다. 이는 곧 똥 위의 똥파리가 앞을 다투어 빨아먹는 것과 같이 삼삼오오 짝을 지어 머리를 모으고 헤아리는 것이기 때문이니 괴로운 일이구나.

형제들이여, 고덕들이 한때 여러 사람들을 어쩔 수 없어서 방편으로 한 마디나 반 구절을 베풀어서 그대들의 들어갈 길을 틔워 주었으나, 그런 일은 한 쪽에 던져두고 혼자서 약간의 애라도 쓴다면 조금 가까워질 곳이 있지 않겠는가?

힘써라, 힘써. 시간은 사람을 기다리지 않고, 나간 호흡은 들어올 보장이 없다. 다시 어디에다 달리 몸과 마음을 한가히 쓰겠느냐? 간절히 뜻을 밝게 살피고 뜻을 밝게 살펴라. 안녕."

觸目承當得猶是不著。便不可受人欺謾取人處分。纔見老和尚動口。便好把將石礐口塞。便是屎上青蠅相似鬪競接將去。三箇五箇聚頭地商量。苦屈。兄弟。他古德一期為你諸人不奈何。所以方便垂一言半句通汝入路。這般事拈放一邊。獨自著些子筋骨。豈不是有少許相親處。快與快與。時不待人出息不保入息。更有什麼身心別處閑用。切須在意在意。珍重。

대사가 말하였다.

"'온 천지를 일시에 가져다가 그대들의 눈썹 위에 올려놓겠다'는 이런 말을 그대들 모두가 듣고도, 성품에 재빨리 들어 용맹스럽게 나와서 노한을 한 방망이 때리려고는 하지도 못하고, 그저 느릿느릿 자세히 보면서 '이것이 있는 것인가, 없는 것인가? 이것이 무슨 도리인가?'라고만 하고들 있다.

설사 그 속에서 밝게 얻었다 하여도 납승(衲僧)의 문하에서 만나면 두 다리가 부러지기에 알맞을 것이다. 그대들이 만일 이 가운데 사람이라면, '어느 곳이 노승이 세상을 벗어난 곳이냐?'라고 말하는 것을 듣고 얼굴에다 침을 뱉어도 좋다. 그대들이 만일 그렇지 못한 사람이라면 남의 말을 듣자마자 당장 알아들었다 하여도 벌써 제이(第二)의 기틀에 떨어진 것이다.

師云。盡乾坤一時把將來著汝眼睫上。你諸人聞恁麼道。不敢望你出來性躁把老漢打一摑。且緩緩子細看是有是無。是箇什麼道理。直饒向這裏明得。若遇衲僧門下好搥折兩脚。汝若是箇人。聞說道什麼處有老宿出世。便好驀面唾污我耳目。汝若不是箇脚手。纔聞人舉便當荷得早落第二機也。

그대들은 덕산(德山) 화상이 승려가 오는 것을 보자마자 주장자로 때려 쫓았고, 목주(睦州) 화상이 승려가 들어오는 것을 보자 얼른 말하기를 '현전에 공안(公案)을 이루었으니, 그대에게 30방을 주리라.'고 한 것을 보았을 것이다.

 그 밖의 무리는 어찌해야 하겠는가? 만일 한결같이 허탕을 치는 놈이라면, 남의 침방울이나 먹고 한 무더기나 한 짐의 쓰레기를 안은 채 이리저리 다니면서 당나귀 주둥이나 말의 주둥이로 '나는 열 가지로 굴리고 다섯 가지로 굴린 질문을 안다.'라고 자랑하고, 설사 아침부터 저녁까지 묻기를 겁을 다해 논란하더라도 꿈에도 보지 못할 것이다.

 어느 곳이 사람에게 힘을 다해준 곳인가? 이와 같은 이는 납자들과 섞여 공양을 하고 나서 말하기를 '나도 밥을 얻어 먹었고, 무엇이든지 같이 말하면 능히 당해냈다.'라고 하다가도, 다른 날 염라왕의 앞에서는 자기 입으로 알았던 말도 하지 못한다.

 汝且看。他德山和尚纔見僧上來拄拄杖便打趁。睦州和尚纔見僧入門來。便云。現成公案放汝三十棒。自餘之輩合作麼生。若是一般掠虛漢。食人涎唾記得一堆一擔到處馳騁。驢脣馬觜誇我解問十轉五轉話。饒你從朝問到夜。論劫恁麼還曾夢見也未。什麼處是與人著力處。似這般底。有人屈衲僧齋。也道我得飯喫。堪什麼共語。他日閻羅王面前不取你口解說。

형제들이여, 만일 깨달은 사람이라면 다른 회상에서 세월을 보내도 되지만, 깨닫지 못한 이라면 절대로 쉽게 생각하여 시간을 보내지 말고 모름지기 크게 세밀하거라.

옛사람이 많은 갈등에 처해 있는 이를 위하였는데, 설봉 화상은 '온 땅덩이가 모두 그대이다.'라고 하였고, 협산(夾山)은 '백 가지 풀 위에서 노승(老僧)의 뜻을 알아보아야 하고, 시끄러운 저자 속에서 천자를 알아보아야 한다.'라고 하였으며, 낙보(樂普)는 '한 티끌을 들어도 대지가 온통 거두어지고, 한 터럭 끝도 모두 부처의 전신인 이것이다.'라고 하였다.

그대가 잡아 취해서 생각하고 헤아리는 것이 뒤집어져 세월이 오래되면 자연히 깨달아 들어갈 길이 있으리라. 이 일은 아무도 그대를 대신할 수가 없으니 각자 저마다의 노력에 있다. 노화상들이 세상에 나신 것은 오직 그대들을 증명하기 위한 것이다.

諸兄弟。若是得底人他家依眾遣日。若也未得切莫容易過時。大須子細。古人大有葛藤相為處。即如雪峯和尚道。盡大地是汝。夾山云。百草頭上薦取老僧。鬧市裏識取天子。樂普云。一塵纔舉大地全收。一毛頭師子全身總是。汝把取翻覆思量日久歲深。自然有箇入路。此事無你替代處。莫非各在當人分上。老和尚出世只是為你證明。

그대들이 조그마한 인연이라도 있다면 그대들을 속이려 해도 되지 않겠지만, 그대들이 실제로 깨달으려 하지 않는다면 방편으로 그대들을 이끌어 줄 수도 없다. 그대들은 모두가 한결같이 부모와 스승을 버리고 짚신이 닳도록 행각을 하였으니, 모름지기 조금이라도 정신을 차려야 한다.

진실로 깨달으려면 개, 돼지에게 손발을 물어 뜯기게 된다 할지라도 생명을 아끼지 않아야 하고, 진흙에 들고 물에 들어서도 힘써 행해야 한다. 물리고 뜯기는 일이 있더라도 눈 깜박이는 일도 없이 발우 주머니를 높이 걸고 주장자를 꺾어 버리고 10년, 20년을 철저히 공부하면 이루지 못할 리 없으니 걱정하지 말라. 바로 금생에 깨치지 못할지라도 내생에는 인간의 몸을 잃지 않고 이 문중에 들어와서, 깨달으려는 성력으로 평생의 서원을 헛되이 저버리지 않고, 스승과 부모와 시방 시주들의 은혜를 저버리지 않게 되리니, 꼭 마음에 새겨 두어라.

汝若有少許來由。且昧你亦不得。你若實未得方便撥汝則不可。兄弟。一等是踏破草鞋。抛却師僧父母行脚。直須著些子精彩始得。實若有箇入頭處。遇著咬猪狗脚手。不惜性命入泥入水相為。有可咬嚼。貶上眉毛高掛鉢囊。拗折拄杖。十年二十年辦取徹頭。莫愁不成辦。直是今生未得徹頭。來生亦不失人身。向此箇門中亦乃省力。不虛孤負平生。亦不孤負師僧父母十方施主。直須在意。

소주(韶州) 운문산(雲門山) 문언(文偃) 선사

공연히 고을과 고을 사이로 돌아다니거나 주장자를 비스듬히 메고 천 리나 이천 리를 다니면서 여기에서 여름을 지내고, 저기서 겨울을 보내며 좋은 산수에서 마음대로 즐기고 잿밥이 많은 곳에서 의발(衣鉢)을 얻기 쉽다 하지 말라. 괴로운 일이다.

남의 쌀 한 알을 얻으려다 반년의 양식을 잃게 될 것이니, 이런 행각이 무슨 이익이 있으며, 신심 있는 신도가 가지고 온 채소와 쌀알을 어떻게 소화하겠는가? 모름지기 자신을 살펴보아야 할 것이니, 시간은 사람을 기다리지 않는다. 홀연히 어느 날 눈을 감게 되면 무엇으로 앞길에 대처하려 하는가? 마치 끓는 물에 넣은 게〔蟹〕처럼 손발을 허우적거리지는 말아야 할 것이니라. 그대가 헛되이 큰 소리 칠 곳이 없다. 등한히 세월을 보내지 말라.

한 번 사람의 몸을 잃으면 만 겁에 회복하지 못하니, 적은 일이 아니다.

莫空遊州獵縣。橫擔柱杖一千二千里走。趁這邊經冬那邊過夏。好山水堪取性。多齋供易得衣鉢。苦屈。圖他一粒米。失却半年糧。如此行脚有什麼利益。信心檀越把菜粒米作麼生消得。直須自看。時不待人。忽然一日眼光落地。前頭將什麼抵擬。莫一似落湯螃蟹手脚忙亂。無你掠虛說大話處。莫將等閑空過時光。一失人身萬劫不復。不是小事。

눈앞의 일에만 의존하지 말라. 속인들도 아침에 도를 들으면 저녁에 죽어도 좋다 하였거늘, 하물며 사문이 밤낮으로 이날 무슨 일을 행해야겠는가? 힘껏 노력하라, 노력해. 안녕."

대사가 말하였다.
"그대들은 깨닫고자 하는 생각이 없구나. 누군가가 조사의 뜻을 말하는 것을 들으면, 얼른 부처와 조사를 초월하는 말을 묻는데, 그대들은 무엇을 부처라 하고 조사라 하기에 부처와 조사를 초월하는 도리를 말하는가? 또 삼계를 벗어나는 도리도 묻는데, 그대들은 삼계를 가져와 봐라. 보고, 듣고, 느끼고 지각하고 아는 데에 무엇이 있어서 그대를 장애한다 하며, 무슨 소리와 색이 그대와 함께한다 하는가?

분명하고 분명하니, 무엇이 발우인가? 무슨 차별되거나 특별한 것을 보겠는가?

莫據目前。俗子尚道朝聞道夕死可矣。況我沙門。日夕合履踐箇什麼事。大須努力。努力。珍重。師云。汝等沒可作了。見人道著祖意。便問箇超佛越祖之談。汝且喚那箇為佛那箇為祖。且說箇超佛越祖底道理。問箇出三界。你把將三界來看。有什麼見聞覺知隔礙著你。有什麼聲色可與你。了了什麼椀。以阿那箇為差殊之見。

옛 성현들이 어쩔 수 없이 뛰어들어 중생을 위하여 당체를 들어 말씀하신 것이 온전히 진실하니, 물건에서 본체를 보려 하면 가히 깨달을 수 없다.

내가 그대들에게 말하니, 지금 무슨 일이 있는가? 벌써 그대들을 파묻어 버렸다. 실제로 깨닫지 못했겄든 자신 안에서 자세히 참구해 봐라. 옷을 입고 밥을 먹고, 똥오줌을 누는 일을 제하고, 다시 무슨 일이 있는가? 까닭 없이 허다한 망상을 일으켜 무엇 하리오.

또 어떤 이들은 흡사 일없는 사람 같이 머리를 모으고 옛사람의 말이나 배워 알음알이로 기억해 두었다가 망상으로 헤아린 뒤에, 내가 불법을 알았다 하면서 식견이 좁은 말로 다투며 시간만을 보낸다. 그러다가 다시 뜻에 맞지 않는다 하여 천리만리 부모와 스승과 화상을 버리고 떠난다. 두들겨 패야 할 여우 같은 자들이니, 죽음이 급하거늘 무슨 행각인가?"

他古聖不奈何。橫身爲物道箇擧體全眞。物物覿體不可得。我向你道。直下有什麼事。早是相埋沒了也。實[33]未有入頭處。且中私獨自參詳。除却著衣喫飯屙屎送尿。更有什麼事。無端起得許多妄想作什麼。更有一般底。恰似等閑相似。聚頭學得箇古人話路。識性記持妄想卜度。道我會佛法了也。只管說葛藤取性過時。更嫌不稱意。千郷萬里抛却老爺孃師僧和尙。作這般底去就。這打野漢。有什麼死急行脚。

---

33) 實 앞에 원나라본에는 爾若이 있다.

대사가 법상에 올라 말하였다.

"시운(時運)이 얇아져서 상계(像季)[34]에 이르자, 요사이의 승려들은 북쪽으로 가서 문수께 예배하고, 남쪽으로 가서 형악(衡嶽)에서 논다.

이렇게 행각하는 명자비구(名字比丘)[35]는 헛되이 시주물만 축낼 뿐이니 애달프다, 애달파. 물으면 칠통같이 깜깜하면서도 그저 좁은 소견으로 시간을 보낸다.

혹은 두세 사람이 부질없이 많이 듣고 배워서 이야기들만 기억해 가지고, 도처에서 비슷한 말로 노숙(老宿)들이 인가하던 말만을 찾아서, 상근기 무리들을 가벼이 여기면서 박복한 업을 지으니, 다른 날 염라대왕이 그들을 구속할 때에는 그들은 아무 말도 못할 것이다.

師上堂云。故知時運澆醨迨於像季。近日師僧北去禮文殊。南去遊衡嶽。若恁麼行脚名字比丘徒消信施。苦哉苦哉。問著。黑似漆相似。只管取性過時。設使有三箇兩箇。枉學多聞記持話路。到處覓相似言語印可老宿。輕忽上流作薄福業。他日閻羅王釘你之時。莫道無人向你說。

---

34) 상계(像季) : 상법(像法) 일천 년 동안의 말기(末期). 부처님께서 입멸하신 후 오백 년을 정법시대(正法時代)라 하고, 정법시대 후 일천 년을 상법시대(像法時代)라 부르는데, 이것은 정법시대와 비슷하게 수행한다는 뜻이다.
35) 명자비구(名字比丘) : 말세에 계율을 지키지 않는 비구.

만일 처음 마음을 발한 후학이라면, 모름지기 정신을 차려 부질없이 남의 말만을 기억하지 말아야 한다. 다분히 헛된 것일 뿐이라 조그마한 진실(眞實)만도 못한 것이니, 뒷날에 스스로를 속일 뿐이다. 무슨 일이 있으랴. 가까이 오라."

대사가 법상에 올라 대중이 모이니, 주장자로 낯 앞을 가리키면서 말하였다.

"온 누리의 미진과 모든 부처님들이 모두 이 속에서 불법을 논의하면서 각기 승부만을 찾으니, 제지할 사람이 있겠는가? 아무도 제지할 사람이 없다면 노승이 그대들을 대신해서 제지하리라."
이때에 어떤 승려가 나서서 말하였다.
"화상께서 제지해 주십시오."
대사가 말하였다.
"이 들여우야."

若是初心後學。直須著精神莫空記人說。多虛不如少實。向後只是自賺。有什麼事近前。師上堂大眾雲集。師以拄杖指面前云。乾坤大地微塵諸佛總在裏許爭佛法。各覓勝負。還有人諫得麼。若無人諫得。待老漢與你諫。時有僧出云。便請和尚諫。師云。這野狐精。

대사가 말하였다.

"그대들이 이곳저곳 행각을 다닌 곳이 모두가 하남(河南)이나 해북(海北)인데, 다 살 인연이 있는 곳이다.

스스로 깨달아 알았다면 나와서 시험삼아 말해 봐라. 내가 그대들을 증명해 주리라. 있는가? 있다면 나오너라. 그대들이 알지 못했다고 하면 내가 그대들을 속이는 것이다.

그대들이 깨달아 알고자 하는가? 인연이 북쪽에 있다면 북쪽에는 조주(趙州) 화상과 오대산(五臺山)의 문수(文殊)가 모두 이 속에 있고, 남쪽에 인연이 있다면 남쪽에는 설봉(雪峯), 와룡(臥龍), 서당(西堂), 고산(鼓山)이 모두 이 속에 있다. 그대들이 깨달아 알고자 하는가? 이 속에서 알도록 하라. 만일 보지 못했다면 헛되이 도둑질하지 말라. 보았는가, 보았어? 그럼 노승이 불전(佛殿)을 타고 나가는 것을 보아라. 안녕."

師云。汝諸人傍家行脚。皆是河南海北各各盡有生緣所在。還自知得。試出來舉看。老漢與汝證明。有麽有麽出來。汝若不知老漢謾你去也。汝欲得知若生緣在北。北有趙州和尚。五臺山有文殊。總在這裏。若生緣在南。南有雪峯臥龍西堂鼓山。總在這裏。汝欲得識麽。向這裏識取。若不見亦莫掠虛。見麽見麽。且看老僧騎佛殿出去也。珍重。

대사가 법상에 올라 말하였다.

"천친보살(天親菩薩)[36]이 까닭 없이 질률나무 지팡이 하나를 만들었구나."

그리고 한 획을 쭉 긋고 말하였다.

"티끌같이 많은 세계의 모든 부처님이 다 이 속에서 법문의 번거로운 분규를 하고 있다."

그리고는 법상에서 내려왔다.

대사가 말하였다.

"내가 여러분들을 보건대 두세 가지의 형세도 갖추지를 못하고, 헛되이 법복만을 입었으니 깨달아 누리겠는가? 그대들이 쳐부숴 버리겠는가? 이후에 제방 어떤 노숙이 손가락 하나를 세우거나 불자 하나를 세우고, 이것이 선이라고 하거나 이것이 도라고 하는 것을 보면, 주장자로 머리를 때려 부수고 떠나라.

師上堂云。天親菩薩無端變作一條櫚木杖。乃畫地一下云。塵沙諸佛盡向這裏葛藤。便下堂。師云。我看你諸人二三機中不能構得。空披衲衣何益。汝還會麽。與汝注破。久後諸方若見老宿擧一指竪一拂子云是禪是道。拄杖打破頭便行。

---

36) 천친보살(天親菩薩) : 반수반두라고도 불리며, 처음에 소승법을 익히다가 뒤에 형 무착(無着)을 따라 대승법으로 귀의했다. 유식의 개창자로 '천부의 논주'로 불릴 만큼 많은 논서들을 썼다.

만일 그렇지 못하면 모두가 하늘 마의 권속들이 우리 조종을 파멸시킬 것이다.

그대들이 알지 못하겠거든 법문의 번거로운 분규 속에서 살펴보아라. 내가 항상 그대들에게 말하기를 '미진과 국토와 삼세의 부처님과 서천의 28조와 당토의 6조가 주장자 위의 설법을 하고, 신통변화를 나투어 시방세계에 마음대로 응하여 펼친다.'라고 했으니, 그대들은 알겠는가? 알지 못하겠거든 헛되이 도둑질이나 하지 말라.

그렇다 하더라도 실제로 근원 바탕 이것에 비추어 본 것인가? 곧바로 이러한 경지에 이른 납승과 사미를 꿈에라도 본적이 없다. 세 종파 속에서도 한 사람도 만날 수 없었다.

대사가 벌떡 일어나서 주장자로 한 획을 긋고 말하였다.

"모두가 이 속에 있다."

또 한 획을 긋고 말하였다.

"모두가 여기에서 나왔다. 안녕."

若不如此。盡是天魔眷屬壞滅吾宗。汝若不會。且向葛藤社裏看。我尋常向汝道。微塵刹土三世諸佛。西天二十八祖唐土六祖。盡在拄杖頭上說法。神通變現聲應十方。一任縱橫。你還會麽。若不會且莫掠虛。然雖據實實是諦見也未。直饒到此田地。未審[37]夢見衲僧沙彌在。三家村裏不逢一人。師驀起以拄杖劃地一下云。總在這裏。又劃一下云。總從這裏出去。珍重。

---

37) 審이 원. 명나라본에는 曾으로 되어 있다.

대사가 법상에 올라 말하였다.

"화상들이여, 납자라면 모름지기 납자의 콧구멍을 알아야 한다. 그럼 어떤 것이 납승의 콧구멍인가?"

대중이 모두가 대답이 없으니, 대사가 말하였다.

"마하반야바라밀다로다. 오늘 큰 울력이 있으니 나가라."

대사가 법상에 올라 말하였다.

"화상들이여, 설사 그대들에게 무슨 일이 있다 하더라도 오히려 머리 위에 머리를 붙이는 것이요, 눈 위에 서리를 더하는 것이요, 관 속에서 눈을 부릅뜨는 것이요, 뜸으로 생긴 종기에 쑥불을 켜는 것이다. 이러한 한바탕의 혼란은 작은 일이 아니다.

그대들은 어찌해야 하겠는가? 제각기 살 곳을 찾는 것이 좋겠다.

師上堂云。和尚子。衲僧直須明取衲僧鼻孔。且作麼生是衲僧鼻孔。眾皆無對。師云。摩訶般若波羅蜜。今日大普請。下去。師上堂云。諸和尚子。饒你道有什麼事。猶是頭上著頭。雪上加霜。棺木裏瞠眼。灸瘡瘢上著艾燋。這箇一場狼藉不是小事。你合作麼生。各自覓取箇托生處好。

부질없이 고을과 고을 사이로 다니면서 한가히 이야기하며, 노화상들의 입놀림이나 기다렸다가 선(禪)이나 도(道)를 묻고, 향상(向上)이니 향하(向下)니 이러쿵저러쿵하고, 대장경이나 베끼며 가죽주머니 속에서 분별하는 데에 막혀있거나, 화롯가에 셋이나 다섯씩 모여서 지껄이기를 이낱[箇][38]이 공재(公才)의 말이니, 이낱이 진리의 도에서 나왔느니, 이낱이 일을 성취한 위의 도라느니 하며, 이낱을 본체의 말이라 하는데, 본체라 함은 그대들의 집 안에 있는 늙은 부모이다.

밥이나 씹어 삼키며 그저 꿈 이야기를 하면서 내가 불법을 알아 마쳤다 하는데, 그래서야 그대들의 행각이 당나귀 해인들 쉴 자리를 얻겠는가?

莫空遊州獵縣。只欲捉搦閑話。待老和尚口動。便問禪問道向上向下如何若何。大卷抄了塞在皮袋裏卜度。到處火鑪邊三箇五箇聚頭口喃喃舉。更道這箇是公才語。遮箇是從理道出。這箇是就事上道。這箇是體語。體你屋裏老爺老孃。嚩却飯了只管說夢便道我會佛法了也。將知你行脚驢年得箇休歇麼。

---

38) 이낱[箇] : 선문에서 이낱[箇]은 자성(自性)을 의미하는 말이다.

또 어떤 이들은 누군가가 쉴 곳을 이야기하는 것을 들으면 곧 오음, 십팔계 속으로 들어가서 눈을 감고 늙은 쥐구멍 같은 곳에서 살 궁리를 하거나, 검은 산 밑의 귀신 굴속에 앉아 본체를 깨달아 들어갈 길을 찾았다 하나 꿈엔들 보았으랴.

그런 이들은 만 명을 때려죽인들 무슨 허물이 있으랴. 부르기도 때리기도 하나 작가(作家)를 만나지 못해서 끝끝내 헛탕을 치니, 그대가 실제로 이낱을 본 곳이 있다면 드러내어 봐라. 함께 헤아려 보자.

헛되이 좋고 나쁨도 모르면서 머리를 맞대고 모여서 부질없는 이야기일랑 말라. 내게 들켜 붙잡혀 와서 시험을 받다가 망치로 맞아 다리가 부러지지는 말라. 이른다거나 이를 수 없다고 말하지도 말라. 그대들의 가죽 밑에도 피가 있는가? 가는 곳마다 굴욕을 당해 무엇 하려는가?

更有一般底。纔聞人說箇休歇處。便向陰界裏閉眉合眼。老鼠孔裏作活計。黑山下坐鬼趣裏體當。便道得箇入頭路。夢見麼。似這般底。打殺一萬箇。有什麼罪過。喚作打底。不遇作家。至竟只是箇掠虛漢。你若實有箇見處。試捻來看共你商量。莫空不識好惡矻矻地聚頭說閑葛藤。莫教老漢見捉來勘不相當搥折脚。莫道不道。你還皮下有血麼。到處自受屈作麼。

호종을 멸망시킨 것은 모두가 들여우 떼인데, 모두 이속에서 무엇을 하는가? 주장자로 한꺼번에 내쫓으리라."

어떤 이가 물었다.
"어떤 것이 불법의 대의입니까?"
대사가 말하였다.
"봄이 오면 풀이 스스로 푸르다."

대사가 신라의 승려에게 물었다.
"무엇으로 바다를 건넜는가?
승려가 말하였다.
"좀도둑이 패망했습니다."
대사가 손을 잡아당기면서 말하였다.
"그대는 왜 내 손 안에 있는가?"

者滅胡種盡是野狐群隊總在這裏作麼。以拄杖一時趁下。問如何是佛法大意。師曰。春來草自青。師問新羅僧。將什麼物過海。曰草賊敗也。師引手曰。汝為什麼在我手[39]裏。

---

39) 手가 송. 원나라본에는 遮로 되어 있다.

승려가 말하였다.

"바로 이것입니다."

대사가 말하였다.

"다시 싸움을 걸랴."

"우두가 4조(祖)를 보기 전에는 어떠하였습니까?"

"집집마다 관세음(觀世音)이었느니라."

"뵈온 뒤에는 어떠하였습니까?"

"불 속의 달팽이가 큰 범을 삼킨다."

"어떤 것이 운문의 한 곡조입니까?"

"섣달 25일이니라."

"어떤 것이 설령(雪嶺)에서 진흙소가 으르렁대는 것입니까?"

"천지가 캄캄하다."

曰恰是。師曰。更跳。問牛頭未見四祖時如何。師曰。家家觀世音。曰見後如何。師曰。火裏蟭螟吞大蟲。問如何是雲門一曲。師曰。臘月二十五。問如何是雪嶺泥牛吼。師曰。天地黑。

"어떤 것이 운문의 나무말이 우는 것입니까?"
"산과 강이 달린다."

"위로부터 전해오는 일을 스님께서 드러내 주십시오."
"아침에는 동남을 보고 저녁에는 서북을 본다."
"선뜻 그렇게 알 때에는 어떠합니까?"
"동쪽 집에 등불을 켜도, 서쪽 집에서는 어두운 방에 앉아있다."

"하루 종일 어찌하여야 헛되이 보내지 않겠습니까?"
"어느 곳을 향해서 이런 질문을 하는가?"
"학인은 잘 모르겠으니 스님께서 이야기해 주십시오."
"벼루와 붓을 가지고 오라."

승려가 종이와 붓과 벼루를 가지고 오니, 대사가 게송 하나를 지었다.

曰如何是雲門木馬嘶。師曰。山河走。問從上來事請師提綱。師曰。朝看東南暮看西北。曰便恁麼領會時如何。師曰。東屋裏點燈西屋裏暗坐。問十二時中如何即得不空過。師曰。向什麼處著此一問。曰學人不會。請師舉。師曰。將筆硯來。僧乃取筆硯來。師作一頌曰。

보여 주어도 보지 못하면
곧 어긋나니
망설이고 따지려 하면
어느 겁에 깨달으리오

"어떤 것이 학인 자신입니까?"
"산에서 놀고 물을 구경하느니라."
"어떤 것이 화상 자신입니까?"
"유나(維那)가 없기 다행이다."

"한 입에 몽땅 삼킬 때에는 어떠합니까?"
"내가 그대의 뱃속에 있다."
"화상이 어째서 학인의 뱃속에 있습니까?"
"내 화두(話頭)를 돌려다오."

舉不顧

即差互

擬思量

何劫悟

問如何是學人自己。師曰。遊山翫水。曰如何是和尚自己。師曰。賴遇維那不在。問一口吞盡時如何。師曰。我在汝肚裏。曰和尚為什麼在學人肚裏。師曰。還我話頭來。

"어떤 것이 도입니까?"

"가거라."

"학인이 잘 모르겠으니 스님께서 말씀해 주십시오."

"사리여, 관가의 처사가 분명하거늘 어찌 다시 판결하리오."

"생사가 닥쳐오면 어떻게 물리쳐야겠습니까?"

대사가 손을 벌리면서 말하였다.

"내게 생사를 주어 보게."

"어떤 것이 부모가 허락하지 않아서 출가하지 못하는 것입니까?"

"얕다."

"학인은 잘 모르겠습니다."

"깊다."

"어떤 것이 학인 자신입니까?"

"그대는 내가 모르리라고 여기는가?"

問如何是道。師曰。去。曰學人不會請師道。師曰。闍梨公憑分明。何得重判。問生死到來如何排遣。師展手曰。還我生死來。問如何是父母不聽。不得出家。師曰。淺。曰學人不會。師曰。深。問如何是學人自己。師曰。汝怕我不知。

"일만 기틀에 갖추어 다 할 때에는 어떠합니까?"
"불전(佛殿)을 내게로 들고 오라. 그대들을 위하여 헤아려 주리라."
"불전이 어찌 그 일과 관계가 있으리까?"
대사가 할을 하고 말하였다.
"이 부질없는 말만 지껄이는 놈아."

"어떤 것이 교리 이외에 따로 전한 한 구절입니까?"
"대중에게 물어 봐라."

"곧바로 이와 같음을 얻었을 때에는 어떻습니까?"
"어디로부터 비추는가?"

"어떤 것이 화상의 가풍입니까?"
"문 앞에 글 읽는 사람이 있다."

問萬機俱盡時如何。師曰。與我拈却佛殿來與汝商量。曰佛殿豈關他事。師喝曰。這謾語漢。問如何是教外別傳一句。師曰。對眾問[40]將來。曰直得恁麼時如何。師曰。照從何立。問如何是和尚家風。師曰。門前有讀書人。

---

40) 問이 송. 원나라본에는 없다.

"어떤 것이 법신을 꿰뚫는 구절입니까?"
"북두(北斗) 속에 몸을 감춘다."

"어떤 것이 서쪽에서 오신 뜻입니까?"
"오랜 장마에 날이 맑지 못하구나."
또 말하였다.
"죽과 밥 기운이구나."

"옛사람이 종횡으로 두루 설해도 여전히 모든 것을 초월했다는 것마저 없는 한 관문을 몰랐다 하니, 어떤 것이 모든 것을 초월했다는 것마저 없는 한 관문입니까?"
"서산의 동쪽 봉우리가 푸르다."

"어떤 것이 서쪽에서 오신 뜻입니까?"
"강에다 돈을 잃었으니 강에서 건져야 한다."

問如何是透法身句。師曰。北斗裏藏身。問如何是西來意。師曰。久雨不晴。又曰。粥飯氣。問古人橫說竪說猶未知向上一關棙子。如何是向上一關棙子。師曰。西山東嶺靑。問如何是西來意。師曰。河裏失錢河裏攊。

어느 때 대사가 말없이 오래 앉아 있으니, 어떤 승려가 물었다.
"어찌 석가세존의 당시와 같을 수야 있겠습니까?"
대사가 말하였다.
"대중이 서 있은 지 오래이니, 어서 삼배나 하라."

언젠가 대사가 이런 게송을 읊었다.

운문산 높은데 흰구름 낮게 날고
물결이 급하니 고기 떼 못 머무네
문 안에 들어서면 온 뜻을 이미 아니
어찌 번거로이 바퀴자국의 흙을 거듭 들추리

師有時坐良久。僧問。何似釋迦當時。師曰。大眾立久快禮三拜。師嘗有頌曰。
　雲門聳峻白雲低
　水急遊魚不敢棲
　入戶已知來見解
　何煩再舉轍中泥

 토끼뿔

  ∽ "화상들이여, 납자라면 모름지기 납자의 콧구멍을 알아야 한다. 그럼 어떤 것이 콧구멍인가?" 했을 때

대원은 문언의 옆구리를 한 대 먹였을 것이다.
"참."

  ∽ "일만 기틀에 갖추어 다 할 때에는 어떠합니까?" 했을 때

대원은 "죽 때에는 죽 먹고, 밥 때에는 밥 먹지." 하리라.

구주(衢州) 남대(南臺) 인(仁) 선사

인(仁) 선사에게 어떤 이가 물었다.
"어떤 것이 남대의 경계입니까?"
대사가 말하였다.
"귀한 줄 모르는구나."
"끝내 어떠합니까?"
"그대는 지금 어디에 있는가?"
대사는 나중에 고향의 진경사(鎭境寺)로 옮겨서 살다가 임종하였다.

衢州南臺仁禪師。問如何是南臺境。師曰。不知貴。曰畢竟如何。師曰。闍梨即今在什麼處。師後遷住本郡鎭境寺而終。

 토끼뿔

"어떤 것이 남대의 경계입니까?" 했을 때

대원은 "이대로다." 하리라.

천주(泉州) 동선(東禪) 화상

동선 화상이 처음으로 개당(開堂)하니, 어떤 승려가 물었다.
"인왕(仁王)은 법왕이 세상에 나신 것을 맞아, 어떻게 종승을 제창하여야 조사의 가풍에 어긋나지 않겠습니까?"
대사가 말하였다.
"어찌하면 되겠는가?"
"물에 들어가지 않으면 고기가 있는 줄 어찌 알겠습니까?"
"부질없는 말을 말라."

"어떤 것이 불법의 가장 친절한 곳입니까?"
"지나쳤다."

"학인이 마지막으로 왔으나 스님의 맨 먼저 구절을 청합니다."
"어디서 왔는가?"

泉州東禪和尚。初開堂。僧問。仁[41]王迎請法王出世。如何提唱宗乘即得不謬於祖風。師曰。還奈得麼。曰若不下水焉知有魚。師曰。莫閑言語。問如何是佛法最親切處。師曰。過也。問學人末後來請師最先句。師曰。什麼處來。

---

41) 仁이 송. 원나라본에는 人으로 되어 있다.

"어떤 것이 학인의 자기 분상의 일입니까?"
"괴롭구나."

"어떤 것이 불법의 대의입니까?"
"딱하기도 하지, 타향살이만을 생각하는구나."

問如何是學人己分事。師曰。苦。問如何是佛法大意。師曰。幸自可憐生
剛要異鄕邑。

 토끼뿔

"인왕(仁王)은 법왕이 세상에 나신 것을 맞아, 어떻게 종승을 제창하여야 조사의 가풍에 어긋나지 않겠습니까?" 했을 때

대원은 "어떤 것이 조사의 가풍에 어긋난 것인가?" 하리라.

여항(餘杭) 대전산(大錢山) 종습(從襲) 선사

종습 선사는 설봉의 큰 제자로서 스승의 인가를 받아 종지를 환히 깨닫고는 항상 말하기를 '관남(關南)의 북을 치면서 설봉의 노래를 부르리라.'고 하였다. 나중에 절강성 지방에 가서 전왕(錢王)을 뵈니, 왕이 대사의 덕화에 감복되어 이 산에 살면서 법을 펴라고 하였다.

어떤 승려가 물었다.

"왕의 청에 의하지도 말고, 대중이 모이는 것에도 의하지 말고, 서쪽에서 오신 분명한 뜻을 바로 말씀해 주십시오."

대사가 말하였다.

"저 스님이 이쪽으로 지나쳐 간다."

"학인이 잘 모르겠으니 스님께서 가리켜 보여 주십시오."

"어쩌면 그렇게도 좋고 나쁜 것도 모르는가?"

餘杭大錢山從襲禪師。雪峯之上足也。自本師印解洞曉宗要。常曰。擊關南鼓唱雪峯歌。後入浙中謁錢王。王欽服道化。命居此山而闡法焉。僧問。不因王請不因眾聚。請師直道西來的的意。師曰。那邊師僧過這邊著。曰學人不會乞師指示。師曰。爭得恁麼不識好惡。

승려가 물었다.

"문을 닫고 수레를 만들어도, 문밖에 나오면 바퀴자국에 합한다는데[42] 어떤 것이 문을 닫고 수레를 만드는 것입니까?"

대사가 말하였다.

"수레를 만드는 것은 묻지 않겠거니와 그대는 무엇을 바퀴자국이라 하는가?"

"학인이 잘 모르겠으니 스님께서 가리켜 보여 주십시오."

"우수한 장인(匠人)이 공사를 할 때는 도끼가 드러나지 않는다."

問閉門造車出門合轍。如何是閉門造車。師曰。造車即不問。汝作麼生是轍。曰學人不會乞師指示。師曰。巧匠施工不露斤斧。

---

42) 수레는 양쪽 바퀴 사이의 거리가 일정하게 정해져 있어서 문을 닫고 집안에서 수레를 만들어 밖에 나가 수레바퀴를 합쳐도 길에 만들어둔 궤도(레일)나 앞서 지나간 바퀴자국에 들어맞았다. 당나라 때 선승의 행적과 법어 등을 수록한 조당집(祖堂集)에 '보현행을 닦으려는 이는 먼저 진리를 밝히고 인연 따라 수행하면 불조의 수행과 상응하게 될 것이다. 이는 마치 문을 닫고 수레를 만들고 밖에 나가 바퀴를 짜 맞추는 것과 같다.'라고 하였다.

 토끼뿔

"학인이 잘 모르겠으니 스님께서 가리켜 보여 주십시오." 했을 때

대원은 "이 밖에 더 내놓을 것도 없다." 하리라.

복주(福州) 영태(永泰) 화상

영태 화상에게 어떤 승려가 물었다.
"듣건대 화상께서는 호랑이를 보셨다는데 사실입니까?"
대사가 호랑이 소리를 지르니, 승려가 때리는 시늉을 하였다. 이에 대사가 말하였다.
"이 죽은 놈아."

"어떤 것이 천진불(天眞佛)입니까?"
대사가 손뼉을 치면서 말하였다.
"모른다, 모른다."

福州永泰和尚。問承聞和尚見虎是否。師作虎聲。僧作打勢。師曰。這死漢。問如何是天眞佛。師乃拊掌曰。不會不會。

 토끼뿔

"어떤 것이 천진불(天眞佛)입니까?" 했을 때

대원은 "천." 하리라.

지주(池州) 화룡산(和龍山) 수창원(壽昌院) 수눌(守訥) 선사

수눌 선사의 호는 묘공(妙空)이며 복주(福州) 민현(閩縣) 사람으로 성은 임(林)씨이다. 고전(古田) 수봉(壽峯) 화상에게 가르침을 받았다.

어떤 이가 물었다.
"용문(龍門)에 이르기 전에는 어디에 머물러야 하겠습니까?"
대사가 말하였다.
"목숨을 보전하기 어렵다."

새로 온 승려가 들어와서 뵈니, 대사가 물었다.
"어디서 떠났는가?"
"마음을 여의지 않았습니다."
"쉽지 않게 왔구나."

池州和龍山壽昌院守訥。號妙空禪師。福州閩縣人也。姓林氏。受業於古田壽峯。問未到龍門如何湊泊。師曰。立命難存。有新到僧參。師問。近離什麼處。曰不離方寸。師曰。不易來。

그 승려가 또 말하였다.
"쉽지 않게 왔습니다."
대사가 한 대 갈겼다.

"어떤 것이 전하는 마음입니까?"
"너에게 두세 번 부촉했으니, 남에게 말하지는 말라."

"어떤 것이 위로부터 전하는 종승의 법입니까?"
"그대의 입속을 향해 얻겠는가?"

"깨달음의 요긴한 곳을 스님께서 한번 지도해 주십시오."
"진실로 이것이 깨달음의 요긴한 것이다."

僧亦曰。不易來。師與一掌。問如何是傳底心。師曰。再三囑汝莫向人說。問如何是從上宗乘。師曰。向闍梨口裏著得麼。問省要處請師一接。師曰。甚是省要。

 토끼뿔

"용문(龍門)에 이르기 전에는 어디에 머물러야 하겠습니까?" 했을 때

대원은 "머물 곳이 없느니라." 하리라.

건주(建州) 몽필(夢筆) 화상

몽필 화상에게 어떤 이가 물었다.
"어떤 것이 부처입니까?"
대사가 말하였다.
"그대를 속인 적이 없다."
"바로 이것이 아닙니까?"
"그대가 남을 속이는구나."

민왕(閩王)이 대사를 청해 공양을 올리고 물었다.
"화상께서는 붓을 얻어 가지고 오셨습니까?"
"계산(稽山)의 수관(繡管)⁴³⁾이 아니요. 달 속의 옥토끼 털이 아닌 것이 부끄러우나, 대왕께서 물으시니 산승(山僧)이 어찌 대답을 않겠습니까?"

建州夢筆和尚。問如何是佛。師曰。不誑汝。曰莫便是否。師曰。汝誑他。閩王請師齋。問和尚還將得筆來也無。師曰。不是稽山繡管。慚非月裏兔毫。大王旣垂顧問。山僧敢不通呈。

---

43) 수관(繡管) : 화려한 무늬를 입힌 붓대.

민왕이 또 물었다.

"어떤 것이 법왕(法王)입니까?"

대사가 말하였다.

"몽필의 가풍이 아닙니다."

又問。如何是法王。師曰。不是夢筆家風。

 토끼뿔

"화상께서는 붓을 얻어 가지고 오셨습니까?" 했을 때

대원은 "그림자 없는 붓은 얻는 것이 아닙니다." 하고

만약 "그 붓으로 나를 그려 보시오." 한다면

"어떻습니까? 이 솜씨가." 할 것이다.

복주(福州) 고전(古田) 극락(極樂) 원엄(元儼) 선사

원엄 선사에게 어떤 이가 물었다.
"어떤 것이 극락의 가풍입니까?"
대사가 말하였다.
"눈에 가득해서 보아도 끝이 없구나."

"만법은 본래 근본이 없거늘 학인들로 하여금 무엇을 알아들으라 하십니까?"
"잠꼬대를 말라."
"오래 어두운 방에 있어도 그 근원을 통달하지 못하여 오늘 올라왔으니, 스님께서 한 차례 지도해 주십시오."
"눈을 감아서 밤〔夜〕을 만들지 않는 것이 좋겠다."

福州古田極樂元儼禪師。問如何是極樂家風。師曰。滿目看不盡。問萬法本無根。未審教學人承當什麼。師曰。莫寱語。問久處暗室未達其源。今日上來乞師一接。師曰。莫閉眼作夜好。

"그렇다면 우담발화(優曇鉢華)[44]곡조를 지금 열어 모든 것을 초월해서 초월했다는 것마저 세우지 않는 종풍을 어떻게 베풀어 보이시렵니까?"
"그대가 알겠는가?"
"그렇다면 곧 의심을 쉬겠습니다."
"대중을 향해 잠꼬대를 말라."

"마등(摩騰)이 한(漢)에 들어온 일은 묻지 않겠으나, 달마가 양(梁)에 왔을 때에는 어떠합니까?"[45]
"지금 어찌 속이랴?"
"그렇다면 이치는 삼승을 벗어났고, 꽃이 피어 다섯 잎이 되었습니다."
"무슨 삼승과 다섯 잎을 말하는가? 나가거라."

曰恁麼即優曇華坼曲爲今時。向上宗風如何垂示。師曰。汝還識也無。曰恁麼即息疑去也。師曰。莫向大眾囈語。問摩騰入漢即不問。達磨來梁時如何。師曰。如今豈謬。曰恁麼即理出三乘華開五葉。師曰。說什麼三乘五葉。出去。

---

44) 우담발화(優曇鉢華) : 삼천년 만에 한 번 핀다는 희귀한 꽃. 여래나 전륜성왕이 나타날 때만 핀다고 하는 상서로운 꽃이다.
45) 마등은 중국에 최초로 불법을 전한 이로 『사십이장경(四十二章經)』 등을 번역하였고, 달마는 중국에 와 선종(禪宗)의 시조가 되었다.

 토끼뿔

"마등(摩騰)이 한(漢)에 들어온 일은 묻지 않겠으나, 달마가 양(梁)에 왔을 때에는 어떠합니까?" 했을 때

대원은 "언젠들 다르랴." 하리라.

복주(福州) 부용산(芙蓉山) 여체(如體) 선사

여체 선사에게 어떤 승려가 물었다.
"어떤 것이 옛사람의 곡조입니까?"
대사가 말없이 보이고 말하였다.
"들었는가?"
"듣지 못했습니다."
대사가 보이고 게송 하나를 읊었다.

옛 곡조가 웅장한 소리를 내니
지금도 운율이 여전하구나
제일의 뜻을 가리키면
조사도 부처도 모두 길을 잃는다.

福州芙蓉山如體禪師。僧問。如何是古人曲調。師良久曰。聞麼。曰不聞。師示一頌曰。
　古曲發聲雄
　今時韻亦同
　若教第一指
　祖佛盡迷蹤

 토끼뿔

"어떤 것이 옛사람의 곡조입니까?" 했을 때

대원은 "감기든 개 재채기니라." 하리라.

낙경(洛京) 계학산(憩鶴山) 화상

백곡 장로가 찾아오니, 대사가 말하였다.
"퍽 늙으셨군요."
"나의 늙지 않는 것을 가져오시오."
대사가 한주먹 갈겼다.

"준마(駿馬)가 서진(西秦)으로 들어가지 않을 때에는 어떠합니까?"
"어디를 갔었는가?"

洛京憩鶴山和尙。栢谷長老來訪。師曰。太老去也。谷曰。還我不老底來。師與一摑。問駿馬不入西秦時如何。師曰。向什麽處去。

 토끼뿔

"퍽 늙으셨군요." 했을 때

대원은 "무엇을 보았습니까?" 하리라.

담주(潭州) 위산(潙山) 서(棲) 선사

서(棲) 선사에게 어떤 이가 물었다.
"바로 이러할 때에는 어떻게 친합니까?"
대사가 말하였다.
"그대는 어떻게 해야 친하다고 하겠는가?"
"어찌 방편문(方便門)이 없겠습니까?"
"개원(開元)과 용흥(龍興)이요, 대장(大藏)과 소장(小藏)이니라."

"어떤 것이 빠른 신통입니까?"
"새 옷이 헌 누더기가 되었다."

"어떤 것이 황심교(黃尋橋)입니까?"
"많은 사람을 속인다."

潭州潙山棲禪師。問正恁麽時如何親近。師曰。汝擬作麽生親近。曰豈無方便門。師曰。開元龍興大藏小藏。問如何是速疾神通。師曰。新衣成弊帛。問如何是黃尋橋。師曰。賺却多少人。

"쓸데없는 걱정은 할 것 없고 어떤 것이 화상의 가풍입니까?"
"야간(野干)⁴⁶⁾의 소리를 내지 말라."

問不假忉忉如何是和尚家風。師曰。莫作野干聲。

---

46) 야간(野干) : 여우, 이리와 비슷한 요사한 동물.

 토끼뿔

"어떤 것이 빠른 신통입니까?" 했을 때

대원은 "빠르다면 빠른 신통이라 하겠느냐?" 하리라.

길주(吉州) 조산(潮山) 연종(延宗) 선사

자복 화상이 와서 뵈니, 대사가 선상에서 내려와 맞았다. 이에 자복이 물었다.

"화상이 여기에 계신 지 몇 해나 됩니까?"

대사가 말하였다.

"둔한 새가 갈대에 앉았고, 곤한 고기가 대나무 채반 위에 멈췄소."

"그러면 참 도인이시군요."

"앉아서 차나 드시오."

"어떤 것이 조산입니까?"

"송장이 머물 수 없소."

"어떤 것이 산 안의 사람입니까?"

"돌 위에다 홍련을 심습니다."

吉州潮山延宗禪師。資福和尚來謁。師下禪床接。資福問曰。和尚住此山得幾年也。師曰。鈍鳥棲蘆困魚止箔。曰恁麼即真道人也。師曰。且坐喫茶。問如何是潮山。師曰不宿屍。曰如何是山中人。師曰。石上種紅蓮。

"어떤 것이 화상의 가풍입니까?"
"조정의 의식을 범하는 것을 꺼리시오."

問如何是和尚家風。師曰。切忌犯朝儀。

 토끼뿔

"어떤 것이 화상의 가풍입니까?" 했을 때

   대원은 "그림자 없는 나무꽃 향기를 취해다가 옥기린을 즐겁게 한다." 하리라.

익주(益州) 보통산(普通山) 보명(普明) 대사

보명 대사에게 어떤 이가 물었다.
"어떤 것이 불성입니까?"
대사가 말하였다.
"그대는 불성이 없다."
"고물거리는 생명들에게도 모두가 불성이 있다는데, 학인은 어째서 없습니까?"
"그대가 밖을 향해 구하기 때문이다."

"어떤 것이 현묘하고 현묘한 구슬입니까?"
"그것은 옳지 않다."
"어떤 것이 현묘하고 현묘한 구슬입니까?"
"잃어 버렸구나."

益州普通山普明大師。問如何是佛性。師曰。汝無佛性。曰蠢動含靈皆有佛性。學人為何却無。師曰。為汝向外求。問如何是玄玄之珠。師曰。這箇不是。曰如何是玄玄珠。曰失却也。

 토끼뿔

"어떤 것이 현묘하고 현묘한 구슬입니까?"했을 때

대원은 "이 이상 신묘하겠는가?"하리라.

수주(隨州) 쌍천산(雙泉山) 양가암(梁家庵) 영(永) 선사

영(永) 선사에게 어떤 이가 물었다.
"달마가 9년 동안 벽을 향해 앉은 뜻이 무엇입니까?"
대사가 말하였다.
"졸지 않았다."

호국(護國) 장로가 와서 뵈니, 대사가 물었다.
"드러난 장소에서 남자와 여자들이 제각기 한 가지씩을 묻는데, 묻는 내용이 각각 다르면 장로는 어떻게 대답하시겠습니까?"
호국 장로가 손으로 허공에다 일원상을 그리니, 대사가 말하였다.
"장로의 자비에 감사합니다."
장로가 말하였다.
"감히 그렇겠습니까?"
대사가 고개를 숙이고 다시 돌아보지도 않았다.

隨州雙泉山梁家庵永禪師。問達磨九年面壁意如何。師曰。睡不著。護國長老來。師問。隨陽一境是男是女。各申一問問問各別。長老將何祇對。護國以手空中畫一圓相。師曰。謝長老慈悲。曰不敢。師低頭不顧。

"어찌하여야 모든 반연을 단박에 쉬겠습니까?"
"눈 위에다 다시 서리를 보태는구나."

問如何得頓息諸緣去。師曰。雪上更加霜。

 토끼뿔

"어찌하여야 모든 반연을 단박에 쉬겠습니까?" 했을 때

대원은 "험." 하리라.

장주(漳州) 보복원(保福院) 초오(超悟) 선사(제2세 주지)

초오 선사에게 어떤 이가 물었다.
"고기가 아직 용문(龍門)을 지나지 못할 때에는 어떠합니까?"
대사가 말하였다.
"깊은 못에서 성품을 기른다."
"벗어난 뒤에는 어떠합니까?"
"잠깐 사이에 푸른 하늘에 오르니 뭇 종류가 따르기 어렵다."
"오른 뒤에는 어떠합니까?"
"인자한 구름을 두루 덮어 대천세계를 적신다."
"젖지 않는 것도 있습니까?"
"있다."
"어떤 것이 젖지 않는 것입니까?"
"곧게 선 말뚝이 해를 버티고 섰다."

漳州保福院超悟禪師(第二世住)。問魚未透龍門時如何。師曰。養性深潭。曰透出時如何。師曰。纔昇霄漢眾類難追。曰昇後如何。師曰。慈雲普覆潤及大千。曰還有不受潤者無。師曰。有。曰如何是不受潤者。師曰。直杌撐太陽。

 토끼뿔

"어떤 것이 젖지 않는 것입니까?" 했을 때

대원은 엄지를 세워 묻는 선승 눈앞에 들이댔을 것이다.

태원부(太原孚) 상좌

태원부 상좌가 두루 제방을 다니니 이름이 온 세상에 퍼졌다. 일찍이 절강성 지방에 갔다가 경산(徑山)의 법회에 올라가니, 어느 날 큰 법당 앞에서 어떤 승려가 물었다.

"상좌께서는 오대산에 가보셨습니까?"

대사가 말하였다.

"갔었다."

"문수보살을 보셨습니까?"

"보았다."

"어디서 보셨습니까?"

"경산의 큰 법당 앞에서 보았다."

그 승려가 나중에 민천(閩川)에 가서 설봉에게 이야기하니, 설봉이 말하였다.

"왜 그로 하여금 영(嶺)으로 들어오게 하지 않았는가?"

太原孚上座。遍歷諸方名聞宇宙[47]。嘗遊浙中登徑山法會。一日於大佛殿前。有僧問。上座曾到五臺否。師曰。曾到。曰還見文殊麼。師曰。見。曰什麼處見。師曰。徑山佛殿前見。其僧後適閩川。舉似雪峯曰。何不教伊入嶺來。

---

47) 宙가 송. 원나라본에는 內로 되어 있다.

대사가 이 말을 듣고 곧 보따리를 싸 가지고 달려갔다.

처음으로 설봉에 올라가서 해원(廨院)에서 쉬다가 감자를 나누어 곁에 있는 승려에게 주니, 장경 릉(長慶稜) 화상이 물었다.

"어디서 가지고 왔는가?"

대사가 대답하였다.

"영(嶺) 밖에서 가지고 왔습니다."

"먼 길에서 오기 쉽지 않은데 이것을 지고 왔구나."

대사가 '감자여, 감자여.' 하고 외치면서 법당으로 올라가 설봉을 뵙고, 절을 한 뒤에 앉은 오른쪽에 서 있으니, 설봉이 잠시 돌아보았다. 이에 대사는 그대로 내려가서 일 보는 이를 만나 보았다.

다른 날 설봉이 대사를 보자 해를 가리켜 보이니, 대사가 손을 흔들고 나왔다. 이에 설봉이 말하였다.

"그대는 나를 긍정하지 않는가?"

師聞乃趨裝而邁。初上雪峯廨院憩錫。因分甘子與僧。長慶稜和尚問。什麼處將來。師曰。嶺外將來。曰遠涉不易擔負得來。師曰。甘子甘子。方上參雪峯禮拜訖立於座右。雪峯纔顧視。師便下看主事。異日雪峯見師乃指日示之。師搖手而出。雪峯曰。汝不肯我。

대사가 말하였다.

"화상이 머리를 흔들어서 제가 꼬리를 저었는데, 어디가 화상을 긍정하지 않는 것입니까?"

"이르는 곳마다 마땅히 머무르기를 꺼려라."

어느 날 대중이 만참(晚參)을 하는데 설봉이 뜰 가운데 누워있으니, 대사가 말하였다.

"오주(五州)의 관할 안에 저런 화상 같은 사람만 있더라."

설봉이 벌떡 일어나서 가버렸다.

설봉이 일찍이 대사에게 물었다.

"임제가 삼구(三句)를 말한 일이 있다 하니, 사실인가?"

대사가 대답하였다.

"그렇습니다."

"어떤 것이 제일구인가?"

師曰。和尚搖頭某甲擺尾。什麽[48]不肯和尚。曰到處也須諱却。一日眾僧晚參。雪峯在中庭臥。師曰。五州管內只有這和尚較些子。雪峯便起去。雪峯嘗問師曰。見說臨濟有三句是否。師曰。是。曰作麼生是第一句。

---

48) 什麽 뒤에 송, 원나라본에는 處가 있다.

대사가 눈길을 들어보니, 설봉이 말하였다.

"그것은 여전히 제이구이다. 어떤 것이 제일구인가?"

대사가 손을 모으고 물러갔다. 설봉이 이로부터 깊은 그릇으로 여기어 입실을 허락하고 인가하니, 대사는 도의 바탕을 이루어 다시 다른 곳으로 가지 않고 욕실(浴室)을 맡았다.

어느 날 현사(玄沙)가 올라와서 문안을 하니, 설봉이 말하였다.

"여기에 늙은 쥐 한 마리가 있는데 지금은 욕실에 있다."

현사가 말하였다.

"화상께서는 감정하기까지 기다리십시오."

말을 마치자 바로 욕실로 가서 대사가 물을 긷는 것을 보고 말하였다.

"상좌여, 좀 만납시다."

대사가 대답하였다.

"이미 서로 보았습니다."

師擧目視之。雪峯曰。此猶是第二句。如何是第一句。師叉手而退。自此雪峯深器之。室中印解師資道成。師更不他遊而掌浴室焉。一日玄沙上問訊。雪峯曰。此間有箇老鼠子。今在浴室裏。玄沙曰。待與和尚勘破。言訖到浴室遇師打水。玄沙曰。相看上座。師曰。已相見了。

현사가 말하였다.

"어느 겁에 일찍이 서로 보았소?"

대사가 말하였다.

"낮잠을 자서 무엇 하리오."

현사가 다시 방장으로 들어가서 설봉에게 감정을 마쳤다고 아뢰니, 설봉이 말하였다.

"어떻게 감정했는가?"

현사가 앞의 일을 이야기하니, 설봉이 말하였다.

"그대가 도둑을 맞았구나."

고산(鼓山) 안(晏) 화상이 대사에게 물었다.

"부모에게서 나기 전에는 콧구멍이 어디에 있습니까?"

대사가 말하였다.

"노형께서 먼저 말씀해 보시오."

"금생과 같으니 그대는 어디에 있다고 하겠소?"

玄沙曰。什麼劫中曾相見。師曰。瞌睡作麼。玄沙却入方丈白雪峯曰。已勘破了。雪峯曰。作麼生勘伊。玄沙舉前語。雪峯曰。汝著賊也。鼓山晏和尚問師。父母未生時鼻孔在什麼處。師曰。老兄先道。晏曰。如今生也。汝道在什麼處。

대사가 긍정하지 않으니, 안 화상이 물었다.
"왜 그러십니까?"
대사가 말하였다.
"손에 든 부채를 가져오시오."
안 화상이 부채를 갖다 주면서 재차 문제를 드니, 대사가 잠자코 놔두었다. 이에 안 화상이 어쩔 줄 모르자, 대사가 그를 한 주먹 때렸다.

대사가 창고 앞에 서 있으니, 어떤 승려가 물었다.
"어떤 것이 눈에 띄는 그대로가 보리인 것입니까?"
대사가 개를 걷어차자 소리를 지르며 달아나니, 승려가 대답이 없었다. 이에 대사가 말하였다.
"개새끼를 한번 찼건만 녹이지 못하는구나."
대사가 세상에 나서지 않으니 제방에서 태원부 상좌라 불렀다. 유양(維揚)에서 생을 마쳤다.

師不肯。晏却問。作麼生。師曰。將手中扇子來。晏與扇子再徵之。師默置。晏罔測。乃毆之一拳。師在庫前立。有僧問。如何是觸目菩提。師踢狗子作聲走。僧無對。師曰。小狗子不消一踢。師不出世。諸方目為太原孚上座。終於維揚。

 토끼뿔

 "부모에게서 나기 전에는 콧구멍이 어디에 있습니까?" 했을 때

 대원은 "콧구멍이 어디에 있기 앞서 콧구멍 밖이 있던가?" 하리라.

남악(南嶽) 반주도량(般舟道場) 보문(寶聞) 유경(惟勁) 대사

유경 대사는 복주(福州) 사람이다. 본래부터 고행(苦行)을 닦아 비단옷을 입지 않고 오직 누더기 한 벌로 추위와 더위를 보내니, 사람들이 두타(頭陀)라 불렀다.

처음에 설봉을 뵙고서 깊은 경지에까지 들어갔고, 다시 현사의 법석에 가서 법을 물어 심인(心印)을 깨달았다.

어느 날 감(鑒) 상좌에게 말하였다.
"들건대 그대가 『능엄경(楞嚴經)』의 주를 냈다더군."
감 상좌가 대답하였다.
"그렇다 하기에는 외람스럽습니다."
"두 문수라는 대목을 어떻게 주석하는가?"
"스님께서 감정해 주십시오."
대사가 소매를 흔들고 떠났다.

南嶽般舟道場寶聞大師惟勁。福州人也。素持苦行不衣繒纊。惟壞衲以度寒暑。時謂頭陀焉。初參雪峯深入淵奧。復問法玄沙之席心印符會。一日謂鑒上座曰。聞汝註楞嚴經。鑒曰。不敢。師曰。二文殊汝作麽生註。曰請師鑒。師乃揚袂而去。

당의 광화(光化) 때에 남악에 들어가서 보자(報慈)의 동장(東藏)[49]에 살았다. 동장에는 거울등 하나가 있었는데, 그것은 화엄 제3조 현수(賢首) 대사가 만든 것이었다. 대사가 이를 보자 광대한 법계의 중중 제망문(帝網門)에서 부처와 부처의 광명이 서로 즉함을 단박에 깨달았다. 그리고는 찬탄하며 말하였다.

"이는 선철들의 뛰어난 공이니, 부사의한 방편의 지혜를 갖춘 이가 아니면 어찌 창조하리오."

그리고는 오자송(五字頌) 다섯 문장을 저술하니, 보는 이는 이변(理邊)과 사변(事邊)이 서로 융통하는 이치를 깨달았다. 그 뒤에 계속 남악에 있다가 임종하였다.

대사는 양(梁)의 개평(開平) 때에 『속보림전(續寶林傳)』 4권을 저술하니, 정원(貞元) 이후의 선문을 잇는 원류(源流)가 되었다.

唐光化中入南嶽住報慈東藏(亦號三生藏)。藏中有鏡燈一座。即華嚴第三祖賢首大師之所製也。師覩之頓喻廣大法界重重帝網之門。佛佛羅光之像。因美之曰。此先哲之奇功。苟非具不思議善權之智。何以創焉。乃著五字頌五章。覽之者悟理事相融。後終於南嶽。師於梁開平中撰續寶林傳四卷。紀貞元之後禪門繼踵之源流也。

---

49) 또는 삼생장(三生藏)이라고도 한다. (원주)

또 '칠언각지송(七言覺地頌)'을 지어 여러 교리의 연기(緣起)를 널리 밝히고, 따로 『남악고승전(南嶽高僧傳)』을 지었는데, 모두 세상에 퍼졌다.

又製七言覺地頌。廣明諸教緣起。別著南嶽高僧傳。皆流傳於世。

 토끼뿔

　대사가 이를 보자, 광대한 법계의 중중 제망문(帝網門)에서 부처와 부처의 광명이 서로 즉함을 단박에 깨달았다. 그리고는 찬탄하며 말하였다.
　"이는 선철들의 뛰어난 공이니, 부사의한 방편의 지혜를 갖춘 이가 아니면 어찌 창조하리오."

　대원은 이르기를 갖다 놓은 말만은 아니라 하노라.

색 인 표

ㄱ

가경(제9세)(24권)
가관 선사(19권)
가나제바(2권)
가문 선사(16권)
가비마라(1권)
가선 선사(26권)
가섭불(1권)
가야사다(2권)
가지 선사(10권)
가홍 선사(26권)
가훈 선사(26권)
가휴 선사(19권)
가휴(제2세)(24권)
간 선사(22권)
감지 행자(10권)
감홍 선사(15권)
강 선사(21권)
거방 선사(4권)
거회 선사(16권)
건봉 화상(17권)
계학산 화상(19권)
견숙 선사(8권)
겸 선사(20권)
경 선사(23권)
경산 감종(10권)
경산 홍인(11권)
경상(관음원)(26권)
경상(숭복원)(26권)
경소 선사(26권)
경여(제2세)(24권)
경잠 초현(10권)
경조 현자(17권)
경조미 화상(11권)
경준 선사(25권)
경진 선사(26권)
경탈 화상(22권)
경탈 화상(29권)

경통 선사(12권)
경현 선사(26권)
경혜 선사(15권)
경혼 선사(16권)
계눌 선사(21권)
계달 선사(24권)
계변 선사(19권)
계여 암주(21권)
계유 선사(23권)
계조 선사(25권)
계종 선사(24권)
계침 선사(21권)
계허 선사(10권)
고 선사(12권)
고사 화상(8권)
고정 화상(10권)
고정간선사(16권)
고제 화상(9권)
곡산 화상(23권)
곡산장 선사(16권)
곡은 화상(15권)
공기 화상(9권)
곽산 화상(11권)
관계 지한 선사(12권)
관남 장로(30권)
관음 화상(22권)
관주 나한(24권)
광 선사(14권)
광과 선사(23권)
광달 선사(25권)
광덕(제1세)(20권)
광목 선사(12권)
광법 행흠(24권)
광보 선사(13권)
광산 화상(23권)
광오 선사(22권)
광오(제4세)(17권)
광용 선사(12권)

광우 선사(24권)
광원 화상(26권)
광인 선사(15권)
광인 선사(17권)
광일 선사(20권)
광일 선사(25권)
광제 화상(20권)
광징 선사(8권)
광혜진 선사(13권)
광화 선사(20권)
괴성 선사(26권)
교 화상(12권)
교연 선사(18권)
구 화상(24권)
구나함모니불(1권)
구류손불(1권)
구마라다(2권)
구봉 도건(16권)
구봉 자혜(11권)
구산 정원(10권)
구산 화상(21권)
구종산 화상(15권)
구지 화상(11권)
굴다삼장(5권)
귀 선사(22권)
귀본 선사(19권)
귀신 선사(23권)
귀인 선사(20권)
귀정 선사(13권)
귀종 지상(7권)
규봉 종밀(13권)
근 선사(26권)
금륜 화상(22권)
금우 화상(8권)
기림 화상(10권)

ㄴ

나찬 화상(30권)

나한 화상(11권)
나한 화상(24권)
낙보 화상(30권)
남대 성(21권)
남대 화상(20권)
남악 남대(20권)
남악 회양(5권)
남원 화상(12권)
남원 화상(19권)
남전 보원(8권)
낭 선사(23권)
내 선사(22권)
녹 화상(21권)
녹수 화상(11권)
녹원 화상(13권)
녹원휘 선사(16권)
녹청 화상(15권)

ㄷ

다복 화상(11권)
단기 선사(23권)
단하 천연(14권)
달 화상(24권)
담공 화상(12권)
담권(제2세)(20권)
담명 화상(23권)
담장 선사(8권)
담조 선사(10권)
담처 선사(4권)
대각 선사(12권)
대각 화상(12권)
대동 선사(15권)
대랑 화상(23권)
대력 화상(24권)
대령 화상(17권)
대모 화상(10권)
대범 화상(20권)
대비 화상(12권)

색인표 203

색 인 표

대승산 화상(23권)
대안 선사(9권)
대양 화상(8권)
대육 선사(7권)
대의 선사(7권)
대전 화상(14권)
대주 혜해(6권)
대천 화상(14권)
덕겸 선사(23권)
덕부 스님(29권)
덕산 선감(15권)
덕산(제7세)(20권)
덕소 국사(25권)
덕해 선사(22권)
도 선사(21권)
도간(제2세)(20권)
도건 선사(23권)
도견 선사(26권)
도겸 선사(23권)
도광 선사(21권)
도단 선사(26권)
도림 선사(4권)
도명 선사(4권)
도명 선사(6권)
도부 선사(18권)
도부 대사(19권)
도상 선사(10권)
도상 선사(25권)
도수 선사(4권)
도신 대사(3권)
도연 선사(20권)
도오(관남)(11권)
도오(천황)(14권)
도원 선사(26권)
도유 선사(17권)
도은 선사(21권)
도은 선사(23권)
도웅 선사(17권)

도자 선사(26권)
도잠 선사(25권)
도전 선사 (17권)
도전(제12세)(24권)
도제(제11세)(26권)
도통 선사(6권)
도한 선사(17권)
도한 선사(22권)
도행 선사(6권)
도헌 선사(12권)
도흠 선사 (25권)
도흠 선사(4권)
도흠(제2세)(24권)
도희 선사(21권)
도희 선사(22권)
동계 화상(20권)
동봉 암주(12권)
동산 양개(15권)
동산혜 화상(9권)
동선 화상(19권)
동안 화상(8권)
동안 화상(16권)
동정 화상(23권)
동천산 화상(20권)
동탑 화상(12권)
둔유 선사(17권)
득일 선사(21권)
등등 화상(30권)

ㄹ

라후라다(2권)

ㅁ

마나라(2권)
마명 대사(1권)
마조 도일(6권)
마하가섭(1권)
만 선사(22권)

만세 화상(9권)
만세 화상(12권)
명 선사(17권)
명 선사(22권)
명 선사(23권)
명교 선사(22권)
명달소안(제4세)(26)권
명법 대사(21권)
명변 대사(22권)
명식 대사(22권)
명오 대사(22권)
명원 선사(21권)
명진 대사(19권)
명진 선사(21권)
명철 선사(7권)
명철 선사(14권)
명혜 대사(24권)
명혜 선사(22권)
모 화상(17권)
자사진조(12권)
몽계 화상(8권)
몽필 화상(19권)
묘공 대사(21권)
묘과 대사(21권)
무등 선사(7권)
무료 선사(8권)
무업 선사(8권)
무염 대사(12권)
무원 화상(15권)
무은 선사(17권)
무일 선사(24권)
무주 선사(4권)
무휴 선사(20권)
문 화상(22권)
문수 선사(17권)
문수 선사(25권)
문수 화상(16권)
문수 화상(20권)

문습 선사(24권)
문언 선사(19권)
문의 선사(21권)
문익 선사(24권)
문흠 선사(22권)
문희 선사(12권)
미령 화상(12권)
미령 화상(8권)
미선사(제2세)(23권)
미차가(1권)
미창 화상(12권)
미창 화상(14권)
민덕 화상(12권)

ㅂ

바사사다(2권)
바수밀(1권)
바수반두(2권)
박암 화상(17권)
반산 화상(15권)
반야다라(2권)
방온 거사(8권)
베도 선사(30권)
배휴(12권)
백거이(10권)
백곡 화상(23권)
백령 화상(8권)
백수사화상(16권)
백운 화상(24권)
백운약 선사(15권)
범 선사(20권)
범 선사(23권)
법건 선사(26권)
법괴 선사(26권)
법단 대사(11권)
법달 선사(5권)
법등 태흠(30권)
법만 선사(13권)

색 인 표

법보 선사(22권)
법상 선사(7권)
법운 대사(22권)
법운공(27권)
법융 선사(4권)
법의 선사(20권)
법제 선사(23권)
법제(제2세)(26권)
법지 선사(4권)
법진 선사(11권)
법해 선사(5권)
법현 선사(24권)
법회 선사(6권)
변류 선사(26권)
변실(제2세)(26권)
보 선사(22권)
보개산 화상(17권)
보개약 선사(16권)
보광 혜심(24권)
보광 화상(14권)
보리달마(3권)
보만 대사(17권)
보명 대사(19권)
보문 대사(19권)
보봉 신당(17권)
보봉 화상(15권)
보수 화상(12권)
보수소 화상(12권)
보승 선사(24권)
보안 선사(9권)
보운 선사(7권)
보응 화상(12권)
보적 선사(7권)
보지 선사(27권)
보철 선사(7권)
보초 선사(24권)
보화 화상(10권)
보화 화상(24권)

복계 화상(8권)
복룡산(제1세)(17권)
복룡산(제2세)(17권)
복룡산(제3세)(17권)
복림 선사(13권)
복분 암주(12권)
복선 화상(26권)
복수 화상(13권)
복타밀다(1권)
본계 화상(8권)
본동 화상(14권)
본선 선사(26권)
본인 선사(17권)
본정 선사(5권)
봉 선사(11권)
봉 화상(23권)
봉린 선사(20권)
부강 화상(11권)
부나야사(1권)
부배 화상(8권)
부석 화상(11권)
불암휘 선사(12권)
불여밀다(2권)
불오 화상(8권)
불일 화상(20권)
불타 화상(14권)
불타난제(1권)
붕언 대사(26권)
비 선사(20권)
비구니 요연(11권)
비마암 화상(10권)
비바시불(1권)
비사부불(1권)
비수 화상(8권)
비전복 화상(16권)

ㅅ

사 선사(23권)

사건 선사(17권)
사구 선사(26권)
사귀 선사(22권)
사내 선사(19권)
사눌 선사(21권)
사명 선사(12권)
사명 화상((15권)
사밀 선사(23권)
사보 선사(23권)
사선 화상(16권)
사야다(2권)
사언 선사(17권)
사욱 선사(18권)
사위 선사(20권)
사자 존자(2권)
사정 상좌(21권)
사조 선사(10권)
사지 선사(26권)
사진 선사(22권)
사해 선사(11권)
사호 선사(26권)
삼상 화상(20권)
삼성 혜연(12권)
삼양 암주(12권)
상 선사(22권)
상 화상(22권)
상각 선사(24권)
상관 선사(9권)
상나화수(1권)
상전 화상(26권)
상진 선사(23권)
상찰 선사(17권)
상통 선사(11권)
상혜 선사(21권)
상홍 선사(7권)
서 선사(19권)
서륜 선사(25권)
서목 화상(11권)

서선 화상(10권)
서선 화상(20권)
서암 화상(17권)
석가모니불(1권)
석경 화상(23권)
석구 화상(8권)
석두 희천(14권)
석루 화상(14권)
석림 화상(8권)
석상 경제(15권)
석상 대선 (8권)
석상 성공(9권)
석상휘 선사(16권)
석제 화상(11권)
석주 화상(16권)
선각 선사(8권)
선도 선사(20권)
선도 화상(14권)
선미(제3세)(26권)
선본 선사(17권)
선상 대사(22권)
선소 선사(13권)
선소 선사(24권)
선자 덕성(14권)
선장 선사(17권)
선정 선사(20권)
선천 화상(14권)
선쳐 선사 (12권)
선혜 대사(27권)
설봉 의존(16권)
성공 선사(14권)
성선사(제3세)(20권)
성수엄 선사(17권)
소 화상(22권)
소계 화상(30권)
소명 선사(26권)
소산 화상(30권)
소수 선사(24권)

색 인 표

소암 선사(25권)
소요 화상(8권)
소원(제4세)(24권)
소자 선사(23권)
소종 선사(12권)
소진 대사(12권)
소현 선사(25권)
송산 화상(8권)
수 선사(24권)
수계 화상(8권)
수공 화상(14권)
수눌 선사(19권)
수눌 선사(26권)
수당 화상(8권)
수로 화상(8권)
수룡산 화상(21권)
수륙 화상(12권)
수빈 선사(21권)
수산 성념(13권)
수안 선사(24권)
수월 대사(21권)
수유산 화상(10권)
수인 선사(25권)
수진 선사(24권)
수청 선사(22권)
순지 대사(12권)
숭 선사(22권)
숭교 대사(23권)
숭산 화상(10권)
숭은 화상(16권)
숭진 화상(23권)
숭혜 선사(4권)
습득(27권)
승 화상(23권)
승가 화상(27권)
승가난제(2권)
승광 화상(11권)
승나 선사(3권)

승둔 선사(26권)
승밀 선사(15권)
승일 선사(16권)
승찬 대사(3권)
시기불(1권)
시리 선사(14권)
신건 선사(11권)
신당 선사(17권)
신라 청원(17권)
신록 선사(23권)
신수 선사(4권)
신안 국사(18권)
신장 선사(8권)
신찬 선사(9권)
실성 대사(22권)
심 선사(23권)
심철 선사(20권)
쌍계전도자(12권)

ㅇ

아난 존자(1권)
악록산 화상(22권)
안선사(제1세)(20권)
암 화상(20권)
암두 전활(16권)
암준 선사(15권)
앙산 혜적(11권)
애 선사(23권)
약산 유엄(14권)
약산(제7세)(23권)
약산고 사미(14권)
양 선사(6권)
양 좌주(8권)
양광 선사(25권)
양수 선사(9권)
언단 선사(22권)
언빈 선사(20권)
엄양 존자(11권)

여눌 선사(15권)
여만 선사(6권)
여민 선사(11권)
여보 선사(12권)
여신 선사(22권)
여체 선사(19권)
여회 선사(7권)
역촌 화상(12권)
연 선사(21권)
연관 선사(24권)
연교 대사(12권)
연규 선사(25권)
연덕 선사(26권)
연무 선사(17권)
연수 선사(26권)
연수 화상(23권)
연승 선사(26권)
연종 선사(19권)
연화(제2세)(23권)
연화상(제2세)(23권)
영 선사(19권)
영가 현각(5권)
영각 화상(20권)
영감 선사(26권)
영감 화상(23권)
영관사(12권)
영광 선사(24권)
영규 선사(15권)
영도 선사(5권)
영명 대사(18권)
영묵 선사(7권)
영서 화상(13권)
영숭(제1세)(23권)
영안(제5세)(26권)
영암 화상(23권)
영엄 선사(23권)
영운 지근(11권)
영준 선사(15권)

영초 선사(16권)
영태 화상(19권)
영평 선사(23권)
영함 선사(21권)
영훈 선사(10권)
오공 대사(23권)
오공 선사(24권)
오구 화상(8권)
오운 화상(30권)
오통 대사(23권)
온선사(제1세)(20권)
와관 화상(16권)
와룡 화상(17권)
와룡 화상(20권)
왕경초상시(11권)
요 화상(23권)
요각(제2세)(21권)
요공 대사(21권)
요산 화상(11권)
요종 대사(21권)
용 선사(20권)
용수 존자(1권)
용계 화상(20권)
용광 화상(20권)
용담 숭신(14권)
용산 화상(8권)
용아 거둔(17권)
용운대 선사(9권)
용준산 화상(17권)
용천 화상(23권)
용청 선사(26권)
용혈산 화상(23권)
용회 도심(30권)
용흥 화상(17권)
우녕 선사(26권)
우두미 선사(15권)
우바국다(1권)
우섬 선사(26권)

색 인 표

우안 선사(26권)
우연 선사(21권)
우연 선사(22권)
우진 선사(26권)
운개 지한(17권)
운개경 화상(17권)
운산 화상(12권)
운암 담성(14권)
운주 화상(20권)
운진 선사(23권)
원 선사(22권)
원 화상(23권)
원광 선사(23권)
원규 선사(4권)
원명 선사(11권)
원명(제3세)(23권)
원명(제9세)(22권)
원소 선사(26권)
원안 선사(16권)
원엄 선사(19권)
원제 선사(26권)
원조 대사(23권)
원지 선사(14권)
원지 선사(21권)
월륜 선사(16권)
월화 화상(24권)
위 선사(20권)
위국도 선사(9권)
위부 화엄(30권)
위산 영우(9권)
유 선사(24권)
유 화상(24권)
유건 선사(6권)
유경 선사(29권)
유계 화상(15권)
유관 선사(7권)
유연 선사(17권)
유원 화상(8권)

유장 선사(20권)
유정 선사(4권)
유정 선사(6권)
유정 선사(9권)
유척 선사(4권)
육긍 대부(10권)
육통원소선사(17권)
윤 선사(22권)
윤 스님(29권)
은미 선사(23권)
은봉 선사(8권)
응천 화상(11권)
의능(제9세)(26권)
의류 선사(26권)
의소 화상(23권)
의안 선사(14권)
의원 선사(26권)
의유(제13세)(26권)
의인 선사(23권)
의전 선사(26권)
의초 선사(12권)
의충 선사(22권)
의충 선사(14권)
이산 화상(8권)
이종 선사(10권)
인 선사(19권)
인 선사(22권)
인 화상(23권)
인검 선사(4권)
인종 화상(5권)
인혜 대사(18권)
일용 화상(11권)
일자 화상(10권)
임전 화상(19권)
임제 의현(12권)
임천 화상(22권)

ㅈ

자광 화상(23권)
자국 화상(16권)
자동 화상(11권)
자만 선사(6권)
자복 화상(22권)
자재 선사(7권)
자화 선사(22권)
장 선사(20권)
장 선사(23권)
장경 혜릉(18권)
장용 선사(22권)
장이 선사(10권)
장평산 화상(12권)
적조 선사(21권)
전긍 선사(26권)
전법 화상(23권)
전부 선사(12권)
전식 선사(4권)
전심 대사(21권)
전은 선사(24권)
전초 선사(20권)
정 선사(21권)
정과 선사(20권)
정수 대사(22권)
정수 선사(13권)
정오 대사(21권)
정오 선사(20권)
정원 화상(23권)
정조 혜동(26권)
정혜 선사(24권)
정혜 화상(21권)
제 선사(25권)
제다가(1권)
제봉 화상(8권)
제안 선사(7권)
제안 화상(10권)
조 선사(9권)
조 선사(22권)

조산 본적(17권)
조수(제2세)(24권)
조주 종심(10권)
존수 선사(16권)
종괴 선사(21권)
종귀 선사(22권)
종랑 선사(11권)
종범 선사(17권)
종선 선사(24권)
종성 선사(23권)
종습 선사(19권)
종실 선사(23권)
종의 선사(26권)
종일 선사(21권)
종일 선사(26권)
종전 선사(19권)
종정 선사(19권)
종지 선사(20권)
종철 선사(12권)
종현 선사(25권)
종혜 대사(23권)
종효 선사(21권)
종혼 선사(21권)
주 선사(24권)
주지 선사(21권)
준 선사(24권)
준고 선사(15권)
중도 화상(20권)
중만 선사(23권)
중운개 화상(16권)
중흥 선사(15권)
증각 선사(23권)
증선사(제2세)(20권)
지 선사(4권)
지견 선사(6권)
지관 화상(12권)
지구 선사(22권)
지균 선사(25권)

색 인 표

지근 선사(26권)
지단 선사(22권)
지덕 대사(21권)
지도 선사(5권)
지륜 선사(24권)
지묵(제2세)(22권)
지봉 대사(26권)
지봉 선사(4권)
지부 선사(18권)
지상 선사(5권)
지성 선사(5권)
지암 선사(4권)
지엄 선사(24권)
지옹(제3세)(24권)
지원 선사(16권)
지원 선사(17권)
지원 선사(21권)
지위 선사(4권)
지은 선사(24권)
지의 대사(25권)
지의 선사(27권)
지의 화상(12권)
지장 선사(7권)
지장 화상(24권)
지적 선사(22권)
지조(제3세)(23권)
지진 선사(9권)
지징 대사(26권)
지철 선사(5권)
지통 선사(10권)
지통 선사(5권)
지행(제2세)(23권)
지황 선사(5권)
지휘 선사(20권)
진 선사(20권)
진 선사(23권)
진 존숙(12권)
진각 대사(18권)

진각 대사(24권)
진감(제4세)(23권)
진랑 선사(14권)
진응 선사(13권)
진적 선사(21권)
진적 선사(23권)
진화상(제3세)(23권)
징 선사(22권)
징 화상(24권)
징개 선사(24권)
징원 선사(22권)
징정 선사(21권)
징조 대사(15권)

ㅊ

찰 선사(29권)
창선사(제3세)(20권)
책진 선사(25권)
처미 선사(9권)
처진 선사(20권)
천개유 선사(16권)
천룡 화상(10권)
천복 화상(15권)
천왕원 화상(20권)
천태 화상(17권)
청간 선사(12권)
청교 선사(23권)
청면(제2세)(23권)
청모 선사(24권)
청법 선사(21권)
청석 선사(25권)
청양 선사(13권)
청요 선사(23권)
청용 선사(25권)
청욱 선사(26권)
청원 화상(17권)
청원 행사(5권)

청좌산 화상(20권)
청진 선사(23권)
청품(제8세)(23권)
청해 선사(23권)
청해 선사(24권)
청호 선사(21권)
청환 선사(21권)
청활 선사(22권)
초 선사(20권)
초남 선사(12권)
초당 화상(8권)
초복 화상(15권)
초오 선사(19권)
초증 대사(18권)
초훈(제4세)(24권)
총인 선사(7권)
추산 화상(17권)
충언(제8세)(23권)
취미 무학(14권)
칙천 화상(8권)
침 선사(22권)

ㅌ

타지 화상(8권)
태원부 상좌(19권)
태흠 선사(25권)
통 선사(17권)
통 선사(19권)
통법 도성(26권)
통변 도홍(26권)
통화상(제2세)(24권)
투자 감온(15권)

ㅍ

파조타 화상(4권)
파초 화상(16권)
파초 화상(20권)

포대 화상(27권)
풍 선사(23권)
풍간 선사(27권)
풍덕사 화상(12권)
풍혈 연소(13권)
풍화 화상(20권)

ㅎ

하택 신회(5권)
학륵나(2권)
학림 선사(4권)
한 선사(10권)
한산자(27권)
함계 선사(17권)
함광 선사(24권)
함택 선사(21권)
항마장 선사(4권)
해안 선사(16권)
해호 화상(16권)
행랑 선사(23권)
행명 대사(26권)
행수 선사(17권)
행숭 선사(22권)
행애 선사(23권)
행언 도사(25권)
행인 선사(23권)
행전 선사(20권)
행주 선사(19권)
행충(제1세)(23권)
향 거사(3권)
향성 화상(20권)
향엄 지한(11권)
향엄의단선사(10권)
헌 선사(20권)
현눌 선사(19권)
현량 선사(24권)
현밀 선사(23권)
현사 사비(18권)

색 인 표

현소 선사(4권)
현오 선사(20권)
현정 대사(4권)
현지 선사(24권)
현진 선사(10권)
현책 선사(5권)
현천언 선사(17권)
현천(제2세)(23권)
현칙 선사(25권)
현태 상좌(16권)
현통 선사(18권)
협 존자(1권)
협산 선회(15권)
혜 선사(20권)
혜 선사(22권)
혜 선사(23권)
혜가 대사(3권)
혜각 대사(21권)
혜각 선사(11권)
혜거 국사(25권)
혜거 선사(20권)
혜거 선사(26권)
혜공 선사(16권)
혜광 대사(23권)
혜능 대사(5권)
혜달 선사(26권)
혜랑 선사(14권)
혜랑 선사(21권)
혜랑 선사(26권)
혜렴 선사(22권)
혜륜 대사(22권)
혜만 선사(3권)
혜명 선사(25권)
혜방 선사(4권)
혜사 선사(27권)
혜성 선사(14권)
혜성(제14세)(26권)
혜안 국사(4권)

혜오 선사(21권)
혜원 선사(25권)
혜월법단(제3세)(26권)
혜일 대사(11권)
혜장 선사(6권)
혜제 선사(25권)
혜종 선사(17권)
혜철(제2세)(23권)
혜청 선사(12권)
혜초 선사(9권)
혜충 국사(5권)
혜충 선사(4권)
혜충 선사(23권)
혜하 대사(20권)
혜해 선사(20권)
호감 대사(22권)
호계 암주(12권)
홍구 선사(12권)
홍나 화상(8권)
홍변 선사(9권)
홍엄 선사(21권)
홍은 선사(6권)
홍인 대사(3권)
홍인 선사(22권)
홍장(제4세)(23권)
홍제 선사(23권)
홍진 선사(24권)
홍천 선사(16권)
홍통 선사(20권)
화룡 화상(23권)
화림 화상(14권)
화산 화상(17권)
화엄 화상(20권)
환보 선사(16권)
환중 선사(9권)
황룡(제2세)(26권)
황벽 희운(9권)
회기 대사(23권)

회악 선사(18권)
회악(제4세)(20권)
회우 선사(16권)
회운 선사(7권)
회운 선사(20권)
회정 선사(9권)
회주 선사(23권)
회초(제2세)(23권)
회충 선사(16권)
회통 선사(4권)
회해 선사(6권)
횡룡 화상(23권)
효료 선사(5권)
효영(제5세)(26권)
효오 대사(21권)
후 화상(22권)
후동산 화상(20권)
후초경 화상(22권)
휴정 선사(17권)
흑간 화상(8권)
흑수 화상(24권)
흑안 화상(8권)
흥고 선사(23권)
흥법 대사(18권)
흥평 화상(8권)
흥화 존장(12권)
희변 선사(26권)
희봉 선사(25권)
희원 선사(26권)

부록은 농선 대원 선사님의 인가 내력과 법어 그리고 대원 선사님께서 직접 작사하신 노래 가사를 실었다. 특히 요즘 선지식 없이 공부하는 이들을 위하여 수행의 길로부터 불보살님의 누림까지 닦아 증득할 수 있도록 '부록4'에 '가슴으로 부르는 불심의 노래' 가사를 담았으니 끝까지 정독하여 수행의 요긴한 지침이 되기를 바란다.

부 록

부록1 농선 대원 선사님 인가 내력 213

부록2 농선 대원 선사님 법어 221

부록3 21세기에 인류가 해야 할 일 249

부록4 가슴으로 부르는 불심의 노래 253

농선 대원 선사님 인가 내력

제 1 오도송

이 몸을 끄는 놈 이 무슨 물건인가?
골똘히 생각한 지 서너 해 되던 때에
쉬이하고 불어온 솔바람 한 소리에
홀연히 대장부의 큰 일을 마치었네

무엇이 하늘이고 무엇이 땅이런가
이 몸이 청정하여 이러-히 가없어라
안팎 중간 없는 데서 이러-히 응하니
취하고 버림이란 애당초 없다네

하루 온종일 시간이 다하도록
헤아리고 분별한 그 모든 생각들이
옛 부처 나기 전의 오묘한 소식임을
듣고서 의심 않고 믿을 이 누구인가!

此身運轉是何物
疑端汩沒三夏來
松頭吹風其一聲
忽然大事一時了

何謂靑天何謂地
當體淸淨無邊外
無內外中應如是
小分取捨全然無

一日於十有二時
悉皆思量之分別
古佛未生前消息
聞者卽信不疑誰

　대원 선사님의 스승이신 불조정맥 제77조 조계종(曹溪宗) 전강(田岡) 대선사님께서 1962년 대구 동화사의 조실로 계실 당시 대원 선사님께서도 동화사에 함께 머무르고 계셨다.
　하루는 전강 대선사님께서 대원 선사님의 3연으로 되어 있는 제1오도송을 들어 깨달은 바는 분명하나 대개 오도송은 짧게 짓는다고 말씀하셨다. 이에 대원 선사님께서는 제1오도송을 읊은 뒤, 도솔암을 떠나 김제들을 지나다가 석양의 해와 달을 보고 문득 읊었던 제2오도송을 일러드렸다.

　　제 2 오도송

　해는 서산 달은 동산 덩실하게 얹혀 있고
　김제의 평야에는 가을빛이 가득하네
　대천이란 이름자도 서지를 못하는데
　석양의 마을길엔 사람들 오고 가네

　日月兩嶺載同模
　金提平野滿秋色
　不立大千之名字
　夕陽道路人去來

제2오도송을 들으신 전강 대선사님께서는 이에 그치지 않고 그와 같은 경지를 담은 게송을 이 자리에서 즉시 한 수 지어볼 수 있겠냐고 하셨다. 대원 선사님께서는 곧바로 다음과 같이 읊으셨다.

　바위 위에는 솔바람이 있고
　산 아래에는 황조가 날도다

대천도 흔적조차 없는데
달밤에 원숭이가 어지러이 우는구나

岩上在松風
山下飛黃鳥
大千無痕迹
月夜亂猿啼

전강 대선사님께서는 위 송의 앞의 두 구를 들으실 때만 해도 지그시 눈을 감고 계시다가 뒤의 두 구를 마저 채우자 문득 눈을 뜨고 기뻐하는 빛이 역력하셨다.

그러나 전강 대선사님께서는 여기에서도 그치지 않고 다시 한 번 물으셨다.

"대중들이 자네를 산으로 불러내어 그 중에 법성(향곡 스님 법제자인 진제 스님. 동화사 선방에 있을 당시에 '법성'이라 불렸고, 나중에 '법원'으로 개명하였다.)이 달마불식(達磨不識) 도리를 일러보라 했을 때 '드러났다'라고 답했다는데, 만약에 자네가 당시의 양무제였다면 '모르오'라고 이르고 있는 달마 대사에게 어떻게 했겠는가?"

대원 선사님께서 답하셨다.

"제가 양무제였다면 '성인이라 함도 서지 못하나 이러-히 짐의 덕화와 함께 어우러짐이 더욱 좋지 않겠습니까?' 하며 달마 대사의 손을 잡아 일으켰을 것입니다."

전강 대선사님께서 탄복하며 말씀하셨다.

"어느새 그 경지에 이르렀는가?"

"이르렀다곤들 어찌하며, 갖추었다곤들 어찌하며, 본래라곤들 어찌하리까? 오직 이러-할 뿐인데 말입니다."

 대원 선사님께서 연이어 말씀하시자 전강 대선사님께서 이에 환희하시니 두 분이 어우러진 자리가 백아가 종자기를 만난 듯, 고수명창 어울리듯 화기애애하셨다.

 달마불식 공안에 대한 위의 문답은 내력이 있는 것이다. 전강 대선사님께서 대원선사님을 부르시기 며칠 전에, 저녁 입선 시간 중에 노장님 몇 분만이 자리에 앉아있을 뿐 자리가 텅텅 비어 있었다고 한다.

 대원 선사님께서 이상히 여기고 있던 중, 밖에서 한 젊은 수좌가 대원선사님을 불렀다. 그 수좌의 말이 스님들이 모두 윗산에 모여 기다리고 있으니 가자고 하기에 무슨 일인가 하고 따라가셨다.

 그러자 그 자리에 있던 법성 스님이 보자마자 달마불식 법문을 들고 이르라고 하기에 지체없이 답하셨다.

 "드러났다."

 곁에 계시던 송암 스님께서 또 안수정등 법문을 들고 물으셨다.

 "여기서 어떻게 살아나겠소?"

 대뜸 큰소리로 이르셨다.

 "안·수·정·등."

 이에 좌우에 모인 스님들이 함구무언(緘口無言)인지라 대원 선사님께서는 먼저 그 자리를 떠나 내려와 버리셨다.

 그 다음날 입승인 명허 스님께서 아침 공양이 끝난 자리에서 지난 밤 입선시간 중에 무단으로 자리를 비운 까닭을 묻는 대중 공사를 붙여 산 중에서 있었던 일들이 낱낱이 드러나고 말았다. 그리하여 입선시간

중에 자리를 비운 스님들은 가사 장삼을 수하고 조실인 전강 대선사님께 참회의 절을 했던 일이 있었다.

전강 대선사님께서는 이때에 대원 선사님께서 달마불식 도리에 대해 일렀던 경지를 점검하셨던 것이다.

이런 철저한 검증의 자리가 있었던 다음 날, 전강 대선사님께서 부르시기에 대원 선사님께서 가보니 모든 것이 약조된 데에서 주지인 월산(月山) 스님께서 입회해 계셨으며 전강 대선사님께서는 곧바로 다음과 같이 전법게(傳法偈)를 전해주셨다.

전 법 게

부처와 조사도 일찍이 전한 것이 아니거늘
나 또한 어찌 받았다 하며 준다 할 것인가
이 법이 2천년대에 이르러서
널리 천하 사람을 제도하리라

佛祖未曾傳
我亦何受授
此法二千年
廣度天下人

덧붙여 이 일은 월산 스님이 증인이며 2000년까지 세 사람 모두 절대 다른 사람이 알게 하거나 눈에 띄게 하지 않아야 한다고 당부하셨다.

만약 그러지 않을 시에는 대원 선사님께서 법을 펴 나가는데 장애가 있을 것이라고 예언하셨다. 또한 각별히 신변을 조심하라 하시고 월산 스님에게 명령해 대원선사님을 동화사의 포교당인 보현사에 내려가 교화에 힘쓰게 하셨다.

대원 선사님께서 보현사로 떠나는 날, 전강 대선사님께서는 미리 적어두셨던 부송(付頌)을 주셨으니 다음과 같다.

부 송

어상을 내리지 않고 이러-히 대한다 함이여
뒷날 돌아이가 구멍 없는 피리를 불리니
이로부터 불법이 천하에 가득하리라

不下御床對如是
後日石兒吹無孔
自此佛法滿天下

위의 게송에서 '어상을 내리지 않고 이러-히 대한다 함이여'라는 첫째 줄 역시 내력이 있는 구절이다.

전에 대원 선사님께서 전강 대선사님을 군산 은적사에서 모시고 계실 당시 마당에서 홀연히 마주쳤을 때 다음과 같은 문답이 있었다.

전강 대선사님께서 물으셨다.

"공적(空寂)의 영지(靈知)를 이르게."

대원 선사님께서 대답하셨다.

"이러-히 스님과 대담(對談)합니다."
"영지의 공적을 이르게."
"스님과의 대담에 이러-합니다."
"어떤 것이 이러-히 대담하는 경지인가?"
"명왕(明王)은 어상(御床)을 내리지 않고 천하 일에 밝습니다."
위와 같은 문답 중에 대원 선사님께서 답하신 경지를 부송의 첫째 줄에 담으신 것이다.

전강 대선사님께서 대원선사님을 인가(印可)하신 과정을 볼 때 한 번, 두 번, 세 번을 확인하여 철저히 점검하신 명안종사의 안목에 탄복하지 않을 수 없으며 이에 끝까지 1초의 머뭇거림도 없이 명철하셨던 대원선사님께 찬탄하지 않을 수 없다.
그리하여 법열로 어우러진 두 분의 자리가 재현된 듯 함께 환희용약하지 않을 수 없다.

이제 전강 대선사님과 약속한 2천년대를 맞이하였으므로 여기에 전법게를 밝힌다.
이로써 경허, 만공, 전강 대선사님으로 내려온 근대 대선지식의 정법의 횃불이 이 시대에 이어져 전강 대선사님의 예언대로 불법이 천하에 가득할 것이다.

농선 대원 선사님 법어

 깨달음은 실증실수다. 그러나 지금의 불교가 잘못된 견해와 지식으로 불조의 가르침을 왜곡하고 견성성불 하고자 애쓰는 수행인들을 오히려 길을 잃고 헤매게 하고 있다.
 그래서 이 장에서는 대원 선사님의 혜안으로 제방에서 논의되는 불교의 핵심적인 대목을 밝혀, 불조의 근본 종지를 드러내고 불교가 나아가야 할 바를 보였다.
 깨달음의 정수를 담은 12게송은 실제 깨닫지 못하고 말로만 깨달음을 말하거나 혹은 깨달았다 해도 보림이 미진한 이들을 경계하게 하며 실증의 바탕에서 닦아 증득할 수 있도록 하였으니, 생사를 결단하고 본연한 참나를 회복하려는 이들에게 칠흑 같은 밤길에 등불과 같은 길잡이가 될 것이다.

화두실참

　제방의 선방 상황을 보면 목적지에 이르는 길을 몰라 노정길을 묻고 있는 격이다. 무자와 이뭐꼬 화두가 최고라 하면서도 실제 실참을 하지 못하고 있기 때문이다. '이 무엇인고?' 하면서 이 눈으로 보려 한다면 경계 위에서 찾는 것이어서 억만 겁을 두고 찾아도 찾을 수 없다. 그러므로 깨달아 일체종지를 이룬 스승의 분명한 안목의 지도가 없다면 화두를 들든, 관법을 행하든, 염불을 하든 깨달음을 기약한다는 것이 정말 어렵다 할 것이다.

오후보림

　설사 깨달음을 성취했다 해도 그것은 공부의 끝이 아니다. 오후보림을 통해 업을 다해야만 육신통을 자재할 수 있게 되는 것이다. 일상에 육신통을 자재하는 구경본분의 경지일 때 비로소 공부를 마쳤다 할 것이다.

개유불성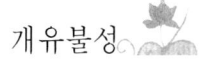

부처님께서 분명히 준동함령 개유불성(蠢動含靈 皆有佛性)이라고 하셨다. 이것은 모든 만물이 다 부처가 될 성품을 갖고 있다는 뜻이다. 불성이 하나라고 주장하는 목소리가 불교계에 드높으나 이것은 개유불성 즉, 낱낱이 제 불성은 제가 지니고 있다는 부처님의 말씀을 정면으로 어기는 말이다.

옛 선사님 말씀에 '천지(天地)가 여아동근(與我同根)이고 만물(万物)이 여아일체(與我一切)'라고 했다. '천지가 여아동근이다'라는 것은 하늘 땅이 나와 더불어 같은 뿌리라는 말이다.
'나와 더불어'라고 했고 또한 한 뿌리가 아니라 같은 뿌리라고 했다. '더불 여(與)'자와 '같을 동(同)'자가 이미 하나라 할 수 없다는 것을 말해주고 있다. 즉 이 말은 하나와도 같다, 한결같이 똑같다는 말이다. 하나라면 '같을 동'자 뿐만 아니라 일이란 글자도 설 수 없다. 일은 이가 있을 때에야 비로소 설 수 있는 것이다.
그러므로 '천지가 여아동근이다' 즉 하늘과 땅이 나와 더불어 같은 뿌리라는 것은 모든 것이 한결같이 가없는 성품 자체에서 비롯되었다는 말이다.
또한 '만물이 여아일체이다' 즉 만물이 나와 더불어 한 몸이라는 말에서 일체란 하나의 몸을 말하는 것이 아니라 모든 불성이 가없는 성품 자체로 서로 상즉한 온통인 몸을 말하는 것이어서 만물이 나와 더불어 상즉한 자체를 말한 것이다.

공부를 많이 한 사람이 외도에 깊이 떨어지는 경우가 있다. 인가를 받지 못한 선지식들이 모두 체성을 보지 못한 이는 아니다. 가없는 성품 자체에 사무치고 보니 도저히 둘일 수가 없으므로 불성이 하나라고 한 것이다. 그러나 불성이 하나라고 하는 것은 바른 깨달음이 아니다. 그래서 인가를 받지 않으면 외도라 하는 것이다. 체성에 사무쳤다 해도 스승의 지도를 받아 일체종지를 이루지 못하면 이런 큰 허물을 짓는 것이다.

만약 불성이 하나라고 하는 이가 있으면 "아픈 것을 느끼는 것이 몸뚱이냐, 자성이냐?"라고 물어야 한다. 그러면 당연히 누구나 자성이라고 답할 것이다. 만약 몸뚱이가 아픔을 느끼는 것이라면 시체도 아픔을 느껴야 하기 때문이다. 이렇게 볼 때에 자성이 하나라면 누군가 아플 때 동시에 모두 아픔을 느껴야 할 것이다. 또한 한 사람이 생각을 일으킬 때 이를 모두 알아야 한다. 불성이 하나라면 마음도 하나여서 다른 마음이 있을 수 없기 때문이다.

돈오돈수

　제방에 돈오돈수(頓悟頓修)에 대한 여러 가지 서로 다른 주장으로 시비가 끊어지지 않고 있다. 이로 인해 수행자들이 견성하면 더 이상 닦을 것이 없다는 그릇된 견해에 집착하거나 의심을 일으킬까 염려하여 여기에 바른 돈오돈수의 이치를 밝히고자 한다.

　견성이 곧 돈오돈수라고 하는 분들이 많다.
　그러나 견성이 곧 구경지인 성불이라면 돈오면 그만이지 돈수란 말은 왜 해놓았겠는가?
　또한 오후보림(悟後保任)이라는 말은 무슨 말인가.

　금강경에는 네 가지 상(我相, 人相, 衆生相, 壽者相)만 여의면 곧 중생이 아니라는 말이 수없이 되풀이되고 있다.
　그런데 제구 일상무상분(第九 一相無相分)을 볼 때 다툼이 없는(곧 모든 상을 여읜) 삼매인(三昧人) 가운데 제일인 아라한도 구경지가 아니니 보살도를 닦아 등각을 거쳐야 구경성불인 묘각지에 이른다는 사실을 알 수 있다.
　또한, 제이십삼 정심행선분(第二十三 淨心行善分)을 보면 부처님께서 "아도 없고, 인도 없고, 중생도 없고, 수자도 없는 가운데 모든 선법(善法)을 닦아야 곧 아뇩다라삼먁삼보리를 얻는다."라고 말씀하시고 있으니 이것은 다름이 아니라 견성한 후에 견성을 한 지혜로써 항상 체성을 여의지 않고, 남은 업을 모두 닦아 본래 갖춘 지혜덕상을 원만하게 회복시켜야 구경성불할 수 있다는 말씀이다.

그렇다면 어째서 돈수일까?
'돈'이란 시공이 설 수 없는 찰나요, '수'란 시간과 공간 속에서 닦는 것이다.
단박에 마친다면 '돈'이면 그만이고, 견성 이전이든 이후든 닦음이 있다면 '수'라고만 할 것이지 어째서 돈과 수가 함께 할 수 있을까? 그야말로 물의 차고 더움은 그 물을 마셔본 자만이 알듯이 깨달은 사람만이 알 것이다.

사무쳐 깨닫고 보니 시공이 서지 않아 이러-히 닦아도 닦음이 없으니 네 가지 상이 없는 가운데 모든 선법을 닦는 것이요, 단박에 깨달으니 색공(色空)이 설 수 없어 이러-한 경지에서 닦음 없이 닦으니 네 가지 상이 없는 가운데 모든 선법을 닦는 것이다.
이와 같이 깨달아서 깨달은 바 없고, 닦아서는 닦은 바 없이 닦아, 남음이 없는 구경지인 성불에 이르는 과정을 돈오돈수라 한다.

견성하면 마음 이외의 다른 물건이 없는 경지인데 어떻게 닦음이 있을 수 있는가 하고 의심하는 분들이 많다. 그러나 견성했다 해도 헤아릴 수 없는 겁 동안에 길들여온 업으로 인하여 경계를 대하면 깨달아 사무친 바와 늘 일치하지는 못한다.

그래서 견성한 지혜로써 항상 체성을 여의지 않고 억겁에 익혀온 업을 제거하고 지혜 덕상을 원만하게 회복시켜야 구경성불할 수 있다.

이것이 앞에서 밝혔듯 금강경에서 부처님께서 하신 말씀이요, 돈오돈수를 주창한 당사자인 육조 대사님께서 하신 말씀이다.

육조단경 돈황본 이십칠 상대법편과 이십팔 참됨과 거짓을 보면 육조 대사님께서 당신의 설법언하에 대오하고도 슬하에서 3, 40년간 보림한 십대 제자들을 모아놓고 말씀하신다.

"내가 떠난 뒤에 너희들은 각각 일방의 지도자가 될 것이다. 그러므로 내가 너희들에게 설법하는 것을 가르쳐서 근본종지를 잃지 않도록 해주리라. 나오고 들어감에 곧 양변을 여의도록 하라." 하시고 삼과(三科)의 법문과 삼십육대법(三十六對法)을 설하셨다.

뿐만 아니라 2, 3개월 후 다시 십대 제자들을 모아놓고 "8월이 되면 세상을 떠나고자 하니 너희들은 의심이 있거든 빨리 물어라. 내가 떠난 뒤에는 너희들을 가르쳐 줄 사람이 없다." 하시며 진가동정게(眞假動靜偈)를 설하시고 외워 가져 수행하여 종지를 잃지 않도록 하라고 거듭 당부를 하시고 있다.

이것을 보아서도 이 사람이 말한 돈오돈수와 육조 대사께서 말씀하신 돈오돈수가 같다는 것을 알 수 있을 것이다.

다시 한 번 밝히자면 돈오란 자신의 체성을 단박에 깨닫는 것이요, 돈수란 깨달은 체성의 지혜로써 닦음 없이 닦는 것으로 이것이 곧 오후 보림이며, 수행자들이 퇴전하지 않고 구경성불할 수 있는 바른 수행의 길이다.

다음은 전등록 제 9권에서 추출한 것이다.

"돈오(頓悟)한 사람도 닦아야 합니까?"

"만일 참되게 깨달아 근본을 얻으면 그대가 스스로 알게 될 것이니 닦는다, 닦지 않는다 하는 것은 두 가지의 말일 뿐이다. 처음으로 발심한 사람들이 비록 인연에 따라 한 생각에 본래의 이치를 단박에 깨달았으나 아직도 비롯함이 없는 여러 겁의 습기(習氣)는 단박에 없어지지 않으므로, 그것을 깨끗이 하기 위하여 현재의 업과 의식의 흐름을 차츰차츰 없애야 하나니 이것이 닦는 것이다. 그것에 따로이 수행하게 하는 법이 있다고 말하지 마라.

들음으로 진리에 들고, 진리를 듣고 묘함이 깊어지면 마음이 스스로 두렷이 밝아져서 미혹한 경지에 머무르지 않으리라. 비록 백천 가지 묘한 이치로써 당대를 휩쓴다 하여도 이는 자리에 앉아서 옷을 입었다가 다시 벗는 것으로써 살림을 삼는 것이니, 요약해서 말하면 실제 진리의 바탕에는 한 티끌도 받아들이지 않지만 만행을 닦는 부문에서는 한 법도 버리지 않느니라. 만일 깨달았다는 생각마저 단번에 자르면 범부니 성인이니 하는 생각이 다하여, 참되고 항상한 본체가 드러나 진리와 현실이 둘이 아니어서 여여한 부처이니라."

"무엇이 돈오(頓悟)이며, 무엇을 점수(漸修)라 합니까?"

"자기의 성품이 부처와 똑같다는 것은 단박에 깨달았으나 비롯함이 없는 옛적부터의 습관은 단박에 제거할 수 없으므로 차츰 물리쳐서 성품에 따라 작용을 일으켜야 하니, 마치 사람이 밥을 먹을 때에 첫술에 배가 부르지 않는 것과 같다."

간화선인가 묵조선인가

　나에게 "당신의 지도는 간화입니까, 묵조입니까?"라고 묻는 이들이 있다. 나의 지도법에는 애당초부터 간화니 묵조니 하는 것이 없다. 가없는 성품 자체로 일상을 지어가라는 말이 바로 그것을 대변해주고 있다. 묵조선과 간화선이 나뉜 것은 육조 대사 이후여서 육조 대사 당시까지만 해도 묵조선이니, 간화선이니 하여 나누지 않았다. 나는 육조 대사 당시의 법을 그대로 펴고 있는 것이다.

　묵조선과 간화선은 원래 종파가 아니다. 지도받는 이의 근기에 따라 지도한 방편일 뿐이다. 들뜬 생각과 분별망상에서 이끌어내기 위한 방편으로 지도한 것이 묵조선이다. 그렇게 이끌어서 깨달아 사무치면 깨달아 사무친 경지가 일상이 되게끔 다시 이끌어 주어야 하는 것이다.
　달마 대사를 묵조선이라고 하는데 중국에 오기 전 달마 대사가 육파외도(六派外道)를 조복시키는 대목을 보면 달마 대사가 묵조선이 아니라는 것이 역력히 드러난다.
　다만 황제가 법문을 할 정도였던 그 시대의 교리 위주의 이론불교를 근본불교에 이르게 하기 위한 방편으로 "밖으로 반연하여 일으키는 모든 생각을 쉬고 안으로 구하는 마음마저 쉬어라."라고 가르친 것이다.
　간화선도 마찬가지여서 화두라는 용광로에 일체 분별망상을 녹여 없앰으로써 밖으로 반연하여 일으키는 모든 생각을 쉬고, 안으로 구하는 마음마저 쉬게 하여 깨닫게끔 한 것이다.

즉 화두를 들어도 이런 경지에 이르러야 깨달을 수 있는 것이다. 오롯이 끊어지지 않게 화두를 들어서 오직 이러한 경지에 이르러 있다가 어떤 경계에 문득 부딪힘으로써 깨닫게 된다. 결국에는 화두인 모든 공안도리 역시 사무쳐 깨닫게 하기 위한 방편이다.

그러므로 수기설법(隨機說法)하고 응병여약(應病與藥)해야 한다. 나 역시 제자가 이러한 경지에 사무쳐 깨닫게끔 하지만, 이미 사무친 연후에는 가없는 성품 자체에 머물러 있으려고만 하지 말고, 그 경지에서 응하여 모자람 없도록 지어나가야 한다고 지도한다.

묵조나 일행삼매(一行三昧), 어느 쪽도 모든 이에게 정해 놓고 일정하게 주어서는 바른 지도가 될 수 없는 것이다. 내가 앉아서 선화할 때에는 오직 심외무물의 경지만 오롯하게끔 지으라고 지도하는 것은 어떻게 보면 묵조선이다. 그것이 가장 빨리 업을 녹이는 방법이기 때문에 그렇게 지도하는 것이다.

그러나 활동할 때는 가없는 성품 자체로 일상을 지어 가라고 지도했으니 이것은 곧 일행삼매에 이르도록 지도한 것이다. 안팎 없는 경지를 여의지 않는 것이 삼매이니, 일상생활 속에서 여의지 않는 가운데 보고 듣고, 보고 듣되 여의지 않는 그것이 일행삼매이다.

그렇다면 나는 한 사람에게 묵조선과 일행삼매를 다 가르치고 있는 것이 된다. 묵조선이라고 했지만 앉아서는 생사해탈을 위한 멸진정을 익히도록 하고, 그 외에는 다 일행삼매를 짓도록 지도하고 있는 것이어서 한편으로 멸진정을 익히는 가운데 조사선을 짓고 있는 것이다.

어떠한 약도 쓰이는 곳에 따라 좋은 약이 되기도 하고 사약이 되기도 한다. 스승이 진정 자유자재해서 제자가 머물러 있는 부분을 틔워주는 지도를 할 때 그것이 약이 되는 것이다.

그러므로 '나는 간화선만을 가르친다.' 그렇게 지도해서는 안 된다. 부처님께서도 수기설법하라 하셨다. 병을 치료해 주는 것이 약이듯 그 기틀에 맞게끔 설해 주는 것이 참 법이다.

무유정법(無有定法)이라 하지 않았는가. 그 사람의 바탕과 익힌 업력과 현재의 경지 등 모든 것을 참작해서 거기에 알맞게 베풀어 주어야 한다.

부처님의 경을 마가 설하면 마설이 되고, 마경을 부처님께서 설하시면 진리의 경전이 된다는 것도 바로 이런 데에서 하신 말씀이다.

어느 한 종에만 편승하면 안 된다. 우리는 이 속에 오종칠가(五宗七家)의 법을 다 수용해야 된다. 어느 한 법도 버릴 수 없다. 모든 근기에 알맞도록 설해 주고 이끌어 줄 수 있어야 하기 때문이다.

그래서 다만 응하여 모자람이 없이 병에 의하여 약을 줄 뿐, 정해진 법이 없어서 어느 한 법도 따로 취함이 없어야 하는 것이다.

육조 대사께 행창이 찾아와 부처님 열반경 중에서 유상(有常)과 무상(無常)을 가지고 물었을 때 행창이 무상이라 하면 육조 대사는 유상이라 하고, 행창이 유상이라 하면 육조 대사는 무상이라 했다. 왜냐하면 원래부터 무상이니 유상이니가 있을 수 없어서, 부처님께서는 다만 유상이라는 집착을 벗어나게 하기 위해 무상을 말씀하시고, 무상이라는 집착을 벗어나게 하기 위해 유상을 말씀하셨을 뿐이거늘, 행창은 열반경의 이 말씀에 묶여 있었기 때문이다.

육조 대사가 이러한 이치에 대해서 설하자 행창이 곧 깨닫고 오도송을 지어 바쳤다.

이렇게 수기설법할 때 불법이다. 수기설법하지 못하면 임제종보다 더한 것이라 해도 불법일 수 없다.

각각 사람의 근기가 다른데 어떻게 천편일률적인 방법으로 똑같이 교화할 수 있겠는가.

불교 종단은 깨달은 분에 의해 운영되어야 한다

불교 정상의 지도자는 깨달아 일체종지를 이룬 분으로서, 어떤 이보다도 그 통달한 지혜와 덕과 복을 갖춤이 뛰어나고, 멀리 앞을 내다보는 안목을 지니고 있어야 한다. 그리고 불교 종단은 그분의 말이 법이 되어야 하고, 그분의 지시에 의해 운영되어야 한다.

당연하게 여겨져야 할 이 일이 새삼스러운 일로 여겨지는 것이야말로 크게 개탄해야 될 오늘날 불교계의 현실이다. 왜냐하면 이 일이 새삼스러워진 것만큼 부처님 당시의 법에서 그만큼 멀어졌다는 것을 의미하기 때문이다.

석가모니 부처님 생전에는 부처님 말씀 그대로가 법이었다. 그리고 부처님은 깨달음을 제1의 법으로 두셨다. 그렇기 때문에 부처님의 모든 법문을 가장 많이 알고 있는 다문제일 아난존자가 깨닫지 못했다는 이유로 부처님 열반 후, 제1차 경전 결집에 참여할 수 없었던 것이다.

이변인 법에 있어서 뿐만 아니라 사변인 승단의 행정에 있어서도 마찬가지였다. 계율을 정하고, 대중을 통솔하고, 승단을 운영하는 일까지 부처님께서 직접 지시하셨다.

모든 제자들은 부처님의 말씀을 따라 그 지시대로 한 마음, 한 뜻으로 부처님의 손발이 되었을 뿐이다. 부처님의 지시야말로 과거, 현재,

미래를 내다보는 안목의 가장 이상적인 행정이었기 때문이다.

우리나라 역시 근대에만 해도 깨달아 법력을 지닌 분이 종정을 지내셨을 때에는 그분의 말씀이 법이었고, 인가 받은 분들이 종회에 계실 때에는 그분들의 말씀을 받들어 종단의 행정이 운영되었다.

하동산 선사나 금오 선사, 효봉 선사 같은 분들이 종정이셨던 1950~60년대까지도 그러하였으니, 종정이 종단 전체의 주요 안건을 결정하는 결정권을 가지고 있었다.

종회 역시 혜암 스님, 금오 스님, 춘성 스님, 청담 스님 등 만공 선사 회상에서 인가 받은 분들이 종회에 계실 때에는 그분들의 뜻에 의거하여 종회 의원들이 승단의 일을 처리하였다.

그러므로 현재에 있어서도 만약 종회에 의해 종단이 운영되어야 한다면, 종회는 깨달아 보림한 분으로 구성되어야 한다. 그러한 종회라면 금상첨화여서 가장 훌륭한 불교 종단 운영이 될 것이다. 그러나 그것이 어려워서 깨달아 보림해서 일체종지를 통달한 분이 종정 한 분이라면, 그 한 분에 의해 모든 통솔이 이루어져야 한다. 만약 깨닫지 못한 분으로 이루어진 종회나 총무원에 의해 종단이 운영된다면, 십중팔구 그것은 진리가 아닌 세속적인 판단으로 흘러가기 때문이다.

이것은 불교 종단뿐만 아니라 한 절에 있어서도 마찬가지이다. 법이 가장 뛰어난 분으로 그 절의 운영이 이루어져야 바른 운영이 이루어진다. 그래서 선을 꽃피웠던 중국에서도 56조 석옥 청공 선사에 이르기까지 대대로 공부가 가장 많이 된 분인 조실이 주지를 겸하여 절 일을 보셨다.

조실과 주지가 다른 분이 아니었으니, 이판과 사판이 나뉘어지지 않았다.

이판을 운용하는 것이 사판이기 때문에, 이판과 사판은 본래 나뉠 수 없는 것이다. 이판에 있어서 깨달은 분이어야 하는 것처럼, 사변을 운용하고 다스리는 사판에 있어서도 다를 수 없다고 본다.

일체유심조, 마음이 세계를 빚어내듯 모든 이치를 운용하는 지혜가 있어야 사변에 있어서도 자유자재의 운영이 가능하기 때문이다.

일체 모든 진리를 설한 경전과 일체 모든 실천규범을 정한 율로 이사일치의 수행을 현실화했던 석가모니 부처님, 무위도식하거나 말로만 떠드는 수행을 경계하여 '일일부작이면 일일불식하라'는 승가의 규율을 통해 일상 그대로인 선을 꽃피우고자 했던 백장 선사, 생생히 살아 숨쉬는 불법의 역사 어디에도 이판과 사판이 나뉘었던 적은 없었다.

불법은 이름 그대로 부처님의 법이다.

부처님 당시의 법이 오늘에 되살려져, 항상한 이치가 응하여 모자람 없는 다양한 방편으로 변주되어, 만인의 삶이 불법의 가피와 축복 속에 꽃피고 열매 맺을 수 있도록, 불교 종단의 운영은 반드시 깨달아 일체종지를 통달한 분에 의해 이루어져야 한다고 본다.

희비송(喜悲頌)

이름도 없고 상도 없는 일 없는 사람이
태평의 노래를 흥에 취해 불렀더니
때도 없고 끝도 없는 구제의 일이
대천세계에 충만히 펼쳐졌네

無名無相無事人
太平之歌唱興醉
無時無端救濟事
大千世界布充滿

정신송(正信頌)

이름도 없고 상도 없는 이 바탕인 몸이여
이 바탕을 깨달은 믿음이라야 이 바른 믿음이라
이와 같은 믿음이 없이는 마음이 나라 말라
눈 광명이 땅에 떨어질 때 한이 만단이나 되리라

無名無相是地體
悟地之信是正信
若無是信莫心我
眼光落地恨萬端

진심송(眞心頌)

이름도 없고 상도 없는 이 진공이여
공이라는 공은 공이라 함마저도 없는 이 참 바탕이라
이와 같은 바탕이라야 이 공인 몸이니
이와 같은 몸이 아니면 참다운 마음이 아니니라

無名無相是眞空
空空無空是眞地
如是之地是空體
如是非體非眞心

업신송(業身頌)

업의 몸이란 것은 고통의 근본이요
업의 마음이란 것은 환란의 근본이니라
업의 행이란 것은 다툼의 근본이요
업의 일이란 것은 허망의 근본이니라

業身乃苦痛之本
業心乃患亂之本
業行乃鬪爭之本
業事乃虛妄之本

보림송(保任頌) 1

업의 몸을 다스리는 데는 계행이 최상이요
업의 마음을 다스리는 데는 인내가 최상이니라
계행과 인내로 잘 다스리면 보림이 순조롭고
보림이 잘 이루어지면 구경에 이르느니라

治業身之戒最上
治業心之忍最上
善治戒忍順保任
善成保任至究竟

보림송(保任頌) 2

육신의 욕망은 하나까지라도 모두 버려야 하고
육신을 향한 생각은 남음이 없이 버려야 하느니라
이와 같이 보림하면 업이 중한 사람일지라도
당생에 반드시 구경지를 성취하리라

肉身欲望捨都一
肉身向思捨無餘
如是保任重業人
當生必成究竟地

공성본질송(空性本質頌) 1

무극인 빈 성품의 본래 몸은
언어나 마음과 행위로 표현 못 하나
모든 부처님과 만물이 이로 좇아 생겼으며
궁극에 일체가 돌아가 의지할 곳이니라

無極空性之本體
言語道斷滅心行
諸佛萬物從此生
窮極一切歸依處

공성본질송(空性本質頌) 2

혼연한 빈 바탕을 이름해서 무아라 하고
무아의 다른 이름이 이 무극이니라
유정 무정이 이로 좇아 생겼으며
궁극에 일체가 돌아가 의지할 곳이니라

渾然空地名無我
無我異名是無極
有情無情從此生
窮極一切歸依處

공성본질송(空性本質頌) 3

이러-히 밝게 사무친 것을 이름해서 견성이라 하고
이 바탕에 밝게 사무쳐야 바르게 깨달은 사람이니
도를 닦는 사람은 반드시 명심해서
각자 관조하여 그릇 깨달음이 없어야 하느니라

如是明徹名見性
是地明徹正悟人
修道之人必銘心
各者觀照無非悟

명정오송(明正悟頌)

밝지도 어둡지도 않은 곳을 향해서
그윽한 본래의 바탕에 합하여야
이것을 진실한 깨달음이라 하는 것이니
그렇지 않다면 바른 깨달음이 아니니라

向不明暗處
冥合本來地
此是眞實悟
不然非正悟

무아송(無我頌)

중생들이 말하는 무아라는 것은
변하고 달라지는 나를 말하는 것이요
깨달은 사람의 무아는
변하지 않는 나를 말하는 것이다

衆生之無我
變異之言我
悟人之無我
不變之言我

태시송(太始頌)

탐착한 묘한 광명에 합한 것이 상을 이루었고
상에 집착하여 사는데서 익힌 것이 모든 업을 이루었다
업을 인해서 만반상이 생겨 나왔으며
만상으로 해서 만반법이 생겨 나왔다

貪着妙光合成相
執相生習成諸業
因業生出萬般象
萬象生出萬般法

21세기에 인류가 해야 할 일

 이 사람은 1962년 26세 때부터 21세기에 인류에게 닥칠 공해문제, 에너지문제를 예견하고 대체에너지(무한원동기, 태양력, 파력, 풍력 등) 개발과 '울 안의 농법'을 연구하고 그 필요성을 많은 이들에게 이야기해 왔습니다.

 당시에는 너무 시대를 앞서가는 이야기여서인지 일반인들이 수용하지 못하고 오히려 불신의 눈으로 바라보며 이 사람의 법마저 의심하였습니다. 하지만 현대에 있어서는 이것이 인류가 해결해야 할 가장 절박한 사안이 되어 있습니다.

 '사막화방지 국제연대'를 설립한 것도 현재 인류가 해결해야 할 가장 절박한 지구환경문제를 이슈화시키고 그 해결책을 제시하여 재앙에 직면한 지구촌을 살리기 위해서입니다.

 '사막화방지 국제연대'에서 추진하고 있는 사막화 방지, 지구 초원

화, 대체에너지 개발은 온 인류가 발 벗고 나서서 해야 할 일입니다.

첫 번째 사막화 방지에 있어서 기존에 해왔던 '나무심기 사업'은 천문학적인 예산과 많은 인력을 동원하고도 극도로 황폐한 사막화된 환경을 되살리는 데 실패하였습니다.

그래서 이 사람은 사막화 방지에 있어서는 '사막 해수로 사업'을 새로운 방안으로 제시하였습니다.

사막 해수로 사업은 사막화된 지역에 수도관을 매설하여 바닷물을 끌어들여서 염분에 강한 식물을 중심으로 자연생태계를 복원하는 사업입니다.

이것은 나무심기 사업으로 심은 나무들이 절대적으로 물이 부족하여 생존할 수 없었던 문제를 해결할 수 있는, 현재로서는 유일한 해결책입니다.

그러나 '사막화방지 국제연대'의 목적은 사막이 확장되는 것을 방지하자는 것이지 사막 전체를 완전히 없애자는 것은 아닙니다. 인체에서 심장이 모든 피를 전신의 구석구석까지 골고루 보내어 살아서 활동하게 하듯이 사막은 오히려 지구의 심장 역할을 하는 중요한 곳이기 때문입니다.

그래서 21세기에 있어서는 다만 사막의 확장을 방지할 뿐 아니라 사막을 어떻게 운용하느냐를 연구해야 합니다.

사막에 바둑판처럼 사방이 막힌 플륨관 수로를 설치하여 동, 서, 남, 북 어느 방향의 수로를 얼마만큼 채우느냐 비우느냐에 따라, 사막으로부터 사방 어느 방향으로든 거리까지 조절하여, 원하는 지역에 비를 내리게 하고 그치게 할 수 있습니다. 철저히 과학적인 데이터에 의해 이렇게 사막을 운용함으로써 21세기의 지구를 풍요로운 낙원시대로 만들어가야 합니다.

　두 번째로 지구를 초원화할 수 있는 방안으로 3년간의 실험을 통해, 광활한 황무지 지역을 큰 비용을 들이거나 많은 인력을 동원하지 않고도 짧은 시간 내에 초지로 바꿀 수 있는 식물을 찾아냈습니다.

　그것은 바로 '돌나물'입니다. 돌나물은 따로 종자를 심을 필요가 없이 헬리콥터나 비행기로 살포해도 생존, 번식할 수 있으며, 추위와 더위, 황폐한 땅에서도 살아남을 수 있는 생명력과 번식력이 강한 식물입니다.

　지구환경을 되살리는 초지조성 사업에 있어서 이것이 큰 도움이 되리라 생각합니다.

　세 번째의 대체에너지 개발에 있어서는 태양력, 파력, 풍력 등 1962년도부터 이 사람이 연구하고 얘기해왔던 방법들이 이미 많이 개발되어 실용화한 단계에 있습니다.

　이 세 가지 일은 한 개인이나 한 국가가 할 수 있는 일이 아닙니다. 모든 국가가 앞장서서 전세계적인 사업으로 이루어져야 합니다. 모든 국가가 함께 하는 기금조성이 이루어져야 하고 기금조성에 참여한 국가는 이 시스템에 의한 전면적인 혜택을 입을 수 있도록 해야 합니다.

　인류 모두가 지혜를 모아 이 일에 전력을 다한다면 인류는 유사 이래 가장 좋은 시절을 맞이하게 될 것이며, 만약 이 일을 남의 일인 양 외면한다면 극한의 재앙을 면할 수 없을 것입니다.

　이 사람이 오래 전부터 얘기해왔던 '울 안의 농법'은 이미 미국 라스베이거스(Las Vegas)에서 30층짜리 '고층 빌딩 농장'으로 구현되었습니다. 그렇게 크게도 운영될 수 있지만 각자 자신의 집에서 이루어지는 '울 안의 농법'도 필요합니다.

21세기에 있어서 또 하나 인류가 만일의 사태를 대비해서 연구, 추진해야 될 일이 있다면 바닷속에서의 수중생활, 수중경작입니다.

지구 온난화가 심화될 경우, 공기가 너무 많이 오염될 경우, 바닷물이 높아져 살 땅이 좁아질 경우 등에 대비할 때, 인류는 우주에서의 삶보다는 바닷속에서의 삶을 준비해야 합니다. 왜냐하면 그것이 훨씬 수월하고 비용도 절감할 수 있기 때문입니다.

이렇게 깨달은 이는 이변적으로는 깨달음을 얻게 하여 영생불멸의 삶을 영위할 수 있도록 만인을 이끌어야 하며 사변적으로는 일반인이 예측할 수 없는 백 년, 천 년 앞을 내다보아 이를 미리 앞서 대비하도록 만인의 삶을 이끌어줘야 한다고 생각합니다.

불법의 뜻은 다만 진리 전수에만 있는 것이 아니니, 만인이 서로 함께 영원한 극락을 누릴 때까지 물심양면으로, 이사일여로 베풀어 교화해야 하기 때문입니다.

가슴으로 부르는 불심의 노래

여기에 실린 가사는 모두 농선 대원 선사님께서 직접 작사하신 것이다. 수행의 길로 들어서게끔 신심, 발심을 북돋아주는 가사로부터 수행의 길로 접어든 이의 구도의 몸부림이 담겨있는 가사, 대승의 원력을 발해서 교화하는 보살의 자비심과 함께 낙원세계를 누리는 풍류를 그려놓은 가사까지 한마디, 한마디가 생생하여 그 뜻이 뼛속 깊이 새겨지고 그 멋에 흠뻑 취하게 된다. 농선 대원 선사님께서는 거칠고 말초적인 요즘의 노래를 듣고 이러한 정서를 순화시키고자, 또한 수행의 마음을 진작시키고자 하는 뜻에서 이 가사들을 쓰셨다.

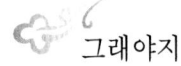 그래야지

1.
마음으로 물질로써
갖가지로 베푸는 것
생활화한 국민되어
이뤄내는 국가되세
그래야지 그래야지
얼씨구나 좀 더 좋다

그런 이웃 그런 나라
이뤄내서 사노라면
모든 나라 따르리니
그리되면 지상낙원
그래야지 그래야지
얼씨구나 좀 더 좋다

별중의 별 될 것이니
선조의 뜻 이룸이라
후손으로 할 일 해낸
자부심이 치솟누나
그래야지 그래야지
얼씨구나 좀 더 좋다

얼씨구야 절씨구야
좀 더 좋고 좀 더 좋다
얼씨구야 절씨구야
좀 더 좋고 좀 더 좋다

아리랑 아리랑 아라리요
아리랑 고개를 넘어간다

2.
그래야지 그래야지
혼자 삶이 아닌 세상
웬만하면 넘어가는
아량으로 살아가세
그래야지 그래야지
얼씨구나 좀 더 좋다

부딪히면 틀어져서
소통의 길 막히나니
그러므로 눈 감아줘
참는 것이 상책일세
그래야지 그래야지
얼씨구나 좀 더 좋다

걸린 생각 비워내서
한결같이 사노라면
복이되어 돌아옴을
실감할 날 있을 걸세
그래야지 그래야지
좀 더 좋고 좀 더 좋다

얼씨구야 절씨구야
좀 더 좋고 좀 더 좋다
얼씨구야 절씨구야
좀 더 좋고 좀 더 좋다

아리랑 아리랑 아라리요
아리랑 고개를 넘어간다

 마음

1.
시작도 없는 마음
끝남도 없는 마음

온통으로 드러나
언제나 같이 있어

어떤 것도 가릴 수
전혀 없는 그 마음

고고하고 당당한
영원한 마음일세

아리랑 아리랑 아라리요
아리랑 고개를 넘어간다
청천 하늘에 잔별도 많고
요내 가슴에는 희망도 많다

2.
모두를 마음으로
시도를 뭐든 해봐

안되는 일 없어서
사는 데 불편없고

하고프면 하면 돼
뜻 펼치는 삶이니

즐겁고도 즐거운
누리는 삶이로세

아리랑 아리랑 아라리요
아리랑 고개를 넘어간다
청천 하늘에 잔별도 많고
요내 가슴에는 희망도 많다

사는게 아리랑 고개

1.
이 마음이 내가 되니
나고 죽음 본래 없고
이리 보고 저리 봐도
허공까지 내 몸일세
신기하고 신기하다
신기하고 신기해

이 마음이 내가 되니
안 되는 일 전혀 없어
잡된 생각 사라지고
두려움도 없어졌네
신기하고 신기하다
신기하고 신기해

이 마음이 내가 되니
끝이 없이 자유롭고
잠 못 이룬 괴로움과
공황장애 흔적 없네
신기하고 신기하다
신기하고 신기해

아리랑 아리랑
아라리요
아리랑 고개를 넘어왔다

2.
이 마음이 내가 되니
맘 먹은 일 순조롭고
살아가는 나날들이
마음광명 누림일세
신기하고 신기하다
신기하고 신기해

이 마음이 내가 되니
마음광명 누림이라
나날들이 평화롭고
자신감이 넘쳐나네
신기하고 신기하다
신기하고 신기해

이 마음이 내가 되니
대인관계 순조로와
일일마다 즐거웁고
웃음꽃이 피어나네
신기하고 신기하다
신기하고 신기해

아리랑 아리랑
아라리요
아리랑 고개를 넘어왔다

불보살의 마음

1.
자비, 그 자비는 눈물이었네
불나방이 불을 쫓듯 가는 이
그래도 못 잊어서 버리지 못해
저리는 저리는 가슴, 그 가슴 안고서
눈물, 피눈물로 저리 부르네

2.
자비, 그 자비는 눈물이었네
제 살 길을 저버리는 이들을
그래도 못 잊어서 버리지 못해
저리는 저리는 가슴, 그 가슴 안고서
눈물, 피눈물로 저리 부르네

나의 노래

1.
노세 노세 봄놀이하세
대천세계 이 봄 경치
한산 습득 친구 삼아
호연지기 즐겨볼까
얼씨구나 절씨구
아니나 즐기고 무엇하리

2.
노세 노세 봄놀이하세
걸음 쫓아 이른 곳곳
문수 보현 벗을 삼아
화엄광장 춤춰볼까
얼씨구나 절씨구
아니나 즐기고 무엇하리

 **평화로운 삶**

1.
이 몸을 나로 아는
하나의 실수로서
우주가 생긴 이래

얼마나 많은 고통
겪어들 왔었던가
치떨린 일이로세

뭘 해야 그 반복을
금생에 끊어버려
그 고통 벗어날까

생각코 생각하니
그 해결 내게 있네
마음이 나 된걸세

아리랑 아리랑 아라리요
아리랑 고개를 넘어간다
청천 하늘엔 잔별도 많고
이내 가슴엔 희망도 많다

2.
마음이 내가 되면
그 어떤 것이라도
더 이상 필요찮고

마음이 내가 되면
미묘한 갖은 공덕
스스로 갖춰 있고

마음이 내가 되면
그 모든 근심 걱정
씻은 듯 사라지고

마음이 내가 되면
이 생과 저 세상이
당초에 없는 걸세

아리랑 아리랑 아라리요
아리랑 고개를 넘어간다
청천 하늘엔 잔별도 많고
이내 가슴엔 희망도 많다

3.
마음이 내가 되면
어제와 내일 일을
눈 앞 일 알 듯하고

마음이 내가 되면
신분이 관계 없이
서로가 평등하며

마음이 내가 되면
모든 일 뜻을 따라
원만히 이뤄지고

마음이 내가 되면
걸림이 없는 그 삶
저절로 이뤄지네

아리랑 아리랑 아라리요
아리랑 고개를 넘어간다
청천 하늘엔 잔별도 많고
이내 가슴엔 희망도 많다

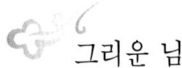 그리운 님

환갑 진갑 다 지난 삶 살다보니
석양 노을 바라보다 텅 빈 가슴
외로움에 철이 드나 생각나는
님이시여 이 몸마저 자유롭지
못한 괴롬 닥쳐서야 님의 말씀
들려오는 철없던 삶 후회하며
외쳐 찾는 님이시여 지는 해를
붙들고서 맘이 나된 삶으로써
나고 죽는 모든 고통 없는 삶을
누리라는 그 말씀이 빛이 되어
외쳐지는 님이시여 이제라도
실천 실행 하오리다 이끌어만
주옵소서 님이시여 내 님이여

잘 사는 게 불법일세

1.
잘 사는 게 불법일세
우리 모두 관음보살 지장보살 생활 속에 모시면서
마음 비운 나날들로 바른 삶을 하노라면
불보살님 가피 속에 뜻 이뤄서 꽃을 피운
그런 날이 있을 걸세

2.
잘 사는 게 불법일세
우리 모두 관음보살 지장보살 생활 속에 모시면서
마음 비워 살아가며 시시때때 잊지 않고
참나 찾아 참구하는 그 정성도 함께하면
좋은 소식 있을 걸세

3.
잘 사는 게 불법일세
우리 모두 관음보살 지장보살 생활 속에 모시면서
틈틈으로 회광반조 사색으로 참나 깨쳐
화장세계 장엄하고 얼쉬얼쉬 어울리며
영원토록 웃고 사세

 님은 아시리

1 부

1.
사계절의 풍광인들 위로되겠니
서사시의 음률인들 쉬어지겠니
뜻과 같이 되지 않아 기도에 젖은
이 마음 님은 아시리
한 세상 열정 쏟아 닦는 수행길
불보살님 출현하서 베푼 자비에
모든 망상 모든 번뇌 없었으면 좋으련만
마음대로 안 되는 게 수행이더라, 수행이더라

2.
사계절의 풍광인들 위로되겠니
서사시의 음률인들 쉬어지겠니
뜻과 같이 되지 않아 기도에 젖은
이 마음 님은 아시리
청춘의 모든 욕망 사뤄버리고
회광반조 촌각 아낀 열정 쏟아서
이룬 선정 그 효력이 있었으면 좋으련만
마음대로 안 되는 게 보림이더라, 보림이더라

3.
사계절의 풍광인들 위로되겠니
서사시의 음률인들 쉬어지겠니
뜻과 같이 되지 않아 기도에 젖은
이 마음 님은 아시리
억겁의 모든 습성 꺾어보려고
갖은 노력 갖은 인내 온통 쏟아서
세월 잊은 보림 성취 있었으면 좋으련만
마음대로 안 되는 게 성불이더라, 성불이더라

2 부

1.
사계절의 풍광인들 비유되겠니
가릉빈가 음률인들 비교되겠니
뜻과 같이 자유자재 베풀어놓고
한없이 즐기시련만
그러한 대자유의 삶을 접고서
중생들을 구제하려 삼도에 출현
갖은 역경 어려움을 감내하는 자비로써
깨워주는 그 진리에 눈을 뜨거라, 눈을 뜨거라

2.
사계절의 풍광인들 비유되겠니
가릉빈가 음률인들 비교되겠니
뜻과 같이 자유자재 베풀어놓고
한없이 즐기시련만
억겁을 다하여도 끝이 없을 걸
알면서도 해내겠다 나선 님의 길
가시밭길 험난해도 일관하신 그 자비에
구류중생 깨달아서 정토 이루리, 정토 이루리

3.
사계절의 풍광인들 비유되겠니
가릉빈가 음률인들 비교되겠니
뜻과 같이 자유자재 베풀어놓고
한없이 즐기시련만
낙원의 모든 즐김 떨쳐버리고
삼악도를 낙원으로 이뤄놓겠다
촌각 아낀 그 열정에 모두 모두 감화되어
이 땅 위에 님의 소원 이뤄지리라, 이뤄지리라

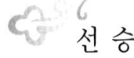 선 승

토함산 소나무 위에
달빛도 조는데
단잠을 잊은 채
장승처럼 앉아있는
깊은 밤 선승의
그윽한 눈빛
고요마저 서지
못한 선정이라
대천도 흔적 없고
허공계도 머물 수 없는
수정 같은 광명이여,
화엄의 세계로세

 우리 모두

우리 모두 만난 인생 즐겁게 살자
부딪치는 세상만사 웃으며 하자
인연으로 어우러진 세상사이니
풀어가는 삶이어야 하지 않겠니

몸종 노릇 하는 사이 맘 챙겨 살자
맑고 맑은 가을 허공 그렇게 비워
명상으로 정신세계 사무쳐보자
언젠가는 깨쳐 웃는 그날이 오리

한산 습득 껄껄 웃는 그러한 웃음
웃어가며 모든 일을 대하는 날로
활짝 펼쳐 어우러진 그러한 삶을
우리 모두 발원하며 즐겁게 살자

마음이 나로세

본래 마음이 나이건만
몸이 내가 된 삶이 되어
갖은 고통이 따랐다네
이리 쉽고도 쉬운 일을
어찌 등 돌린 삶으로서
고통 속에서 헤매는고

맘이 내가 된 삶으로서
갖은 고통이 없는 삶을
우리 누리고 살아보세
마음 수행을 모두 하여
나고 죽음이 없음으로
태평 세월을 누려보세

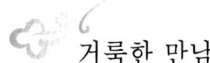
거룩한 만남

불법을 만난 건 행운 중 행운이고 내 생의 정점일세
거룩한 이 법을 만나는 사람이면 서로가 권하고 권을 하여
함께 하는 일상의 수행이 되어서 다 같이 누리는 낙원 이뤄
고통과 생사는 오간 데 없고 웃음과 평온만 넘치고 넘쳐
길이길이 끝이 없는 복락 누리세

여래의 큰 은혜 순간인들 잊으랴 수행해 크게 깨쳐
구제를 다함만 큰 은혜 갚음이니 노력과 실천 다해
우리 모두 씩씩한 낙원의 역군이 되어 봉화적인 이생의 삶으로써
최선을 다하여 부끄럼 없는 대장부로, 은혜 갚는 장부로
길이길이 끝이 없는 복락 누리세

사람다운 삶

1.
사람이 사람다운 사람이 되려면
명상으로 비우고 비워서
고요의 극치에 이르러
자신을 발견한 슬기로써
마음을 다스리는 연마 후에
그 능력으로 모두가 살아가야
평화로운 세상이 활짝 열려
모두 함께 누릴 걸세

2.
서로가 다툼 없이 서로를 아껴서
마음으로 베풀고 베푸는
사회로 이루어 간다면
낙원이 멀리만 있는 것이 아니라
살고 있는 이대로가 낙원이란 걸
모두가 실감하는
우리들의 세상이 활짝 열려
모두 함께 누릴 걸세

사는 목적

우리 모두 행복을 찾아 영원을 찾아
내면 향해 비춰보는 명상으로
앉으나 서나 일을 하나 최선을 다하세
하루의 해가 서산을 붉게 물들이고
합장 기도하여 또 다짐과 맹서의 말
뜻 이루어 이 세상의 빛이 돼서
구류를 생사 고해에서 구제하는 사람으로
영원히 영원히 살 것입니다

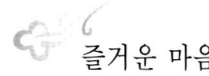 ## 즐거운 마음

1.
우리 모두 선택받은 제자 되어
즐거운 맘 하나 되어 축하합니다
그 무엇을 이룬들 이리 좋으며
황금보석 선물인들 이만하리까
부처님의 가르침만 따르오리다
실천하리라 실천하리라

2.
부처님의 뒤 이을 걸 맹세하며
다짐으로 즐기는 맘 가득합니다
당당하게 행보하는 구세의 역군
혼신 다해 낙원 이룬 이 세계에서
함께 사는 즐거움을 생각하며
노래합니다 노래합니다

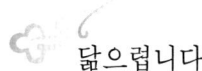 ## 닮으렵니다

관세음보살 관세음보살
지극한 마음으로 닮으려고
오늘도 노력하며 주어진 일을 하면
하루가 훌쩍 가는 줄도 모른다오
관세음 관세음보살
님께서 베푸는 그 넓은 사랑을
이 맘 속에 기르고 길러서
실천하는 그런 장부 되어서
큰 은혜 갚을 겁니다

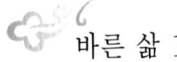 ## 바른 삶 1

우리 삶을 두고서 허무하다 누가 말했나
본래 마음이 나 아닌가
그 마음 나를 삼아 살면 되지
지금도 늦지 않네 우리 모두
오늘부터 모두들 마음으로 나를 삼아
길이길이 웃고들 사세

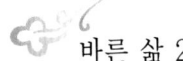 ## 바른 삶 2

1.
어디어디 어디라 해도
마음 찾아 바로만 살면
그곳 바로 극락이라네
세상분들 귀담아듣고
사람 몸을 가졌을 때에
모든 고비 극복해내서
참선으로 참나를 깨쳐
걸림 없는 해탈의 세상
누려보세 누려들 보세

2.
어두운 곳 태양이 뜨듯
중생계에 불타 출현해
바른 삶으로 인도하셔
복된 날을 기약케 하니
아니아니 좋고 좋은가
이 몸 주인 통쾌히 깨쳐
억겁 업을 말끔히 씻고
걸림 없는 해탈의 세상
누려보세 누려들 보세

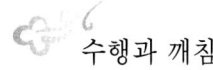 ## 수행과 깨침

1.
그릴 수도 없는 마음, 만질 수도 없는 마음
찾으려는 수행이라 모든 것을 다 버리고
모든 생각 비우기를 몇천 번이었던가
머리 터져 피 흘려도 멈출 수가 없는 공부
이 공부가 아니던가

2.
놓지 못해 우두커니 장승처럼 뭐꼬 하고 앉았는데
앞뒤 없어 몸마저도 공해버린 여기에서 이러-한 채
시간 간 줄 모른 채로 눈을 감고 얼마간을 지나던 중
한 때 홀연 큰 웃음에 화장계일세

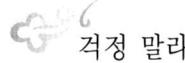 ## 걱정 말라

1.
걱정 말라 걱정을 말라 불보살님 말씀대로만 행한다면
안 풀리는 일 없다 하지 않았던가
육근으로 보시를 하며 웃고 살자 웃고들 살자
백년 미만 우리네 인생, 세상 만사 마음먹기 달렸다고
일러주시지 않았던가 걱정을 말라

2.
이리 봐도 저리를 봐도 모두모두 내 살림일세
간섭할 수 없는 내 살림 아니아니 그러한가
이리 펼치고 저리 펼쳐 육문으로 지은 복덕
베푸는 맛이 아니 좋은가 우리 사는 지구인 별 함께 가꿔
낙원으로 만들어서 살아들 보세

정한 일일세

우리네 삶이란 것
풀끝 이슬 아니던가
서로서로 위로하고 아끼면서
우리 모두 착한 삶이
이어져 가노라면
언젠가는 행복한
그날이 우리에게
찾아오는 것 정한 일일세
찾아오는 것 정한 일일세

여기가 낙원

참나 찾아 영원을 향해
한눈 안 팔고 노력하고
가정 위해 사회를 위해
뛰고 뛰고 혼신을 다한
나의 노력 결실이 되어
일상에서 누리는 나날
선 자리가 낙원이 되니
초목들도 어깨 춤추고
산새들도 축하를 하네

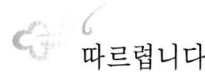 따르렵니다

1.
우리 모두 합장 공경 하옵니다
크고 작은 근심 걱정 씻어주려
우릴 찾아 오셨으니 감사합니다 고맙습니다

2.
우리 모두 손에 손을 맞잡고서
즐거웁게 노래하고 춤을 추며
우리에게 오신 님을 경하합니다 축하합니다

3.
우리들의 깊은 잠을 깨워주셔
영생불멸 낙원의 삶 누리게끔
해주시려 오신 님을 공경합니다 따르렵니다

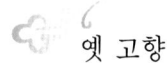 옛 고향

고향 옛 고향이 그리워 거니는 산책에
고요한 달빛 휘영청 밝고 밤새는
그 무슨 생각에 저리 부르는 노래인데
숲 타고 온 석종소리에 열리는 옛 내 고향
그리도 캄캄하던 생각들은 흔적도 없고
고요한 마음 옛 고향 털끝만큼도
가리운 것이란 없었는데
어찌해 그 무엇에 어두웠던고 고향길 옛 내 고향
나는 따르리라 끝없는 일이라 하여도
님 하신 구제 고난과 역경
그 어떤 어려움 닥쳐도
님 하시는 일이라면 멈추는 일 없을 것일세
이것만이 보은이라네 보은이라네

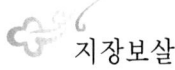 지장보살

지장보살 두 눈의 흐르는 눈물
마르실 날 언제일까 생각하고 또 생각해도
이 세상의 사람들이 멀어지게만 하고 있네요
보살님 어찌해야 하오리까
반야의 실천으로 최선 다해 돕는다면
안 되는 일 있으리까
대원본존 지장보살 나무 지장보살
얼씨구나 절씨구나 한 판 놀음 덩실덩실 살아들 보세

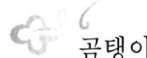 곰탱이

곰탱이 곰탱이 미련 곰탱이
세상 사람 요구 따라 다 들어준
사람더러 곰탱이라네
요구 따라 따지지 않고
들어주기 바쁜 이를 놀려대며 하는 말
곰탱이 곰탱이 미련 곰탱아
그리 살다간 끝내는 빌어먹을 쪽박마저
없겠구나 미련 곰탱아
그래도 덩실덩실 추는 춤을
보며 깔깔 웃는 사람들아
웃는 자신 모르니 서글퍼 내 하는 말
한 판의 꿈속이라 천금만금 쓸데없네
깔깔 웃는 그 실체를 자신 삼아 사는 삶이 되길
바라고 바라는 곰탱이 춤이로세

도서출판 문젠(Moonzen Press)의 책들

출간 도서

- 바로보인 전등록 전 5권
- 바로보인 무문관
- 바로보인 벽암록
- 바로보인 천부경 · 교화경 · 치화경
- 바로보인 금강경
- 세월을 북채로 세상을 북삼아
- 영원한 현실
- 바로보인 신심명
- 바로보인 환단고기 전 5권
- 바로보인 선문염송 전 30권
- 앞뜰에 국화꽃 곱고 북산에 첫눈 희다
- 바로보인 증도가
- 바로보인 반야심경
- 선을 묻는 그대에게 1 · 2
- 바로보인 선가귀감
- 바로보인 법융선사 심명
- 주머니 속의 심경
- 바로보인 법성게
- 달다 -전강 대선사 법어집
- 기우목동가
- 초발심자경문
- 방거사어록
- 실증설
- 하택신회대사 현종기
- 불조정맥 - 한 · 영 · 중 3개국어판
- 바른 불자가 됩시다
- 누구나 궁금한 33가지
- 108진참회문 - 한 · 영 · 중 3개국어판
- 달마의 일할도 허락지 않는다
- 마음대로 앉아 죽고 서서 죽고
- 화두 3개국어판 - 한 · 영 · 중
- 바로보인 간당론
- 완전한 우리말 불공예식법
- 바로보인 유마경
- 실증설 5개국어판 - 한 · 영 · 불 · 서 · 중
- 누구나 궁금한 33가지 3개국어판 - 한 · 영 · 중
- 달마의 일할도 허락지 않는다 3개국어판 - 한 · 영 · 중
- 법성게 3개국어판 - 한 · 영 · 중
- 정법의 원류
- 바로보인 도가귀감
- 바로보인 유가귀감
- 화엄경 81권
- 바로보인 전등록 전 30권

출간예정 도서

- 바로보인 능엄경 제6권
- 바로보인 원각경
- 바로보인 육조단경
- 바로보인 대전화상주 심경
- 바로보인 위앙록
- 해동전등록 전 10권
- 말 밖의 말
- 언어의 향기
- 농선 대원 선사 선송집
- 진리와 과학의 만남
- 바로보인 5대 종교
- 금강경 야부송과 대원선사 토끼뿔
- 선재동자 참알 오십삼선지식
- 경봉선사 혜암선사 법을 들어 설하다
- 십현담 주해
- 불교대전
- 태고보우선사 어록

1. 바로보인 전등록 (전30권을 5권으로)

7불과 역대 조사의 말씀이 1,700공안으로 집대성되어 있는 선종 최고의 고전으로, 깨달음의 정수가 살아 숨쉬도록 새롭게 번역되었다.
464, 464, 472, 448, 432쪽.
각권 18,000원

2. 바로보인 무문관

황룡 무문 혜개 선사가 저술한 공안집으로 전등록, 선문염송, 벽암록 등과 함께 손꼽히는 선문의 명저이다. 본칙 48개와 무문 선사의 평창과 송, 여기에 역저자인 대원선사의 도움말과 시송으로 생명과 같은 선문의 진수를 맛보여 주고 있다.
272쪽. 12,000원

3. 바로보인 벽암록

설두 선사의 설두송고를 원오 극근 선사가 수행자에게 제창한 것이 벽암록이다.
이 책은 본칙과 설두 선사의 송, 대원선사의 도움말과 시송으로 이루어져, 벽암록을 오늘에 맞게 바로 보이고 있다.
456쪽. 15,000원

4. 바로보인 천부경

우리 민족 최고(最古)의 경전 천부경을 깨달음의 책으로 새롭게 바로 보였다. 이 책에는 81권의 화엄경을 81자에 함축한 듯한 천부경과, 교화경, 치화경의 내용이 함께 담겨 있으며, 역저자인 대원선사가 도움말, 토끼뿔, 거북털 등으로 손쉽게 닦아 증득하는 문을 열어 놓고 있다.
432쪽. 15,000원

5. 바로보인 금강경

대원선사의 『바로보인 금강경』은 국내 최초로 독창적인 과목을 내어 부처님과 수보리 존자의 대화 이면의 숨은 뜻을 드러내고, 자문과 시송으로 본문의 핵심을 꿰뚫어 밝혀, 금강경 전체를 손바닥 안의 겨자씨를 보듯 설파하고 있다.
488쪽. 15,000원

6. 세월을 북채로 세상을 북삼아

대원선사의 선시가 담긴 선시화집 『세월을 북채로 세상을 북삼아』는 선과 시와 그림이 정상에서 만나 어우러진 한바탕이다.
선의 세계를 누리는 불가사의한 일상의 노래, 법열의 환희로 취한 어깨춤과 같은 선시가 생생하고 눈부시게 내면의 소리로 흐른다.
180쪽. 15,000원

7. 영원한 현실

애매모호한 구석이 없이 밝고 명쾌하여, 너무도 분명함에 오히려 그 깊이를 헤아리기 어려운, 대원선사의 주옥같은 법문을 모아 놓은 법문집이다.
400쪽. 15,000원

8. 바로보인 신심명

신심명은 양끝을 들어 양끝을 쓸어버리는, 40대치법으로 이루어진, 3조 승찬 대사의 게송이다. 이를 대원선사가 바로 번역하는 것은 물론, 주해, 게송, 법문을 더해 통쾌하게 회통하고 자유자재 농한 것이 이 『바로보인 신심명』이다.
296쪽. 10,000원

9. 바로보인 환단고기 (전5권)

『바로보인 환단고기』 1권은 민족정신의 정수인 환단고기의 진리를 총정리하여 출간하였다. 2권에는 역사총론과 태초에서 배달국까지 역사가 실려 있으며, 3권은 단군조선, 4권은 북부여에서부터 고려까지의 역사가 실려 있다. 5권에는 역사를 증명하는 부록과 함께 환단고기 원문을 실었다. 344 · 368 · 264 · 352 · 344쪽. 각권 12,000원

10. 바로보인 선문염송 (전30권)

선문염송은 세계최대의 공안집이다. 전 공안을 망라하다시피 했기에 불조의 법 쓰는 바를 손바닥 들여다보듯 하지 않고는 제대로 번역할 수 없다. 대원선사는 전 공안을 바로 참구할 수 있게끔 번역하고 각 칙마다 일러보였다. 352 368 344 352 360 360 400 440 376 392 384 428 410 380 368 434 400 404 406 440 424 460 472 456 504 528 488 488 480 512쪽. 각권 15,000원

11. 앞뜰에 국화꽃 곱고 북산에 첫눈 희다

대원선사의 선문답집으로 전강 · 경봉 · 숭산 · 묵산 선사와의 명쾌한 문답을 실었으며, 중앙일보의 〈한국불교의 큰스님 선문답〉 열 분의 기사와 기자의 질문에 대한 대원선사의 별답을 함께 실었다.
200쪽. 5,000원

12. 바로보인 증도가

선종사에 사라지지 않을 발자취로 남은 영가 선사의 증도가를 대원선사가 번역하고 법문과 송을 더하였다.
자비의 방편인 증도가의 말씀을 하나하나 쳐가는 선사의 일갈이야말로 영가 선사의 본 의중과 일치하여 부합하는 것이라 아니할 수 없다.
376쪽. 10,000원

13. 바로보인 반야심경

이 시대의 야부(冶父)선사, 대원선사가 최초로 반야심경에 과목을 붙여 반야심경 내면에 흐르는 뜻을 밀밀하게 밝혀놓고 거침없는 송으로 들어보였다.
264쪽. 10,000원

14. 선(禪)을 묻는 그대에게 (전10권 중 2권)

대원선사의 선수행에 대한 문답집.
깨달아 사무친 경지에 대한 밀밀한 점검과, 오후보림에 대한 구체적인 수행법 제시와, 최초의 무명과 우주생성의 원리까지 낱낱이 설한 법문이 담겨 있다.
280쪽, 272쪽. 각권 15,000원

15. 바로보인 선가귀감

선가귀감은 깨닫고 닦아가는 비법이 고스란히 전수되어 있는 선가의 거울이라 할 만하다. 더욱이 바로보인 선가귀감은 매 소절마다 대원선사의 시송이 화살을 과녁에 적중시키듯 역대 조사와 서산대사의 의중을 꿰뚫어 보석처럼 빛나고 있다.
352쪽. 15,000원

16. 바로보인 법융선사 심명

심명 99절의 한 소절, 한 소절이 이름 그대로 마음에 새겨두어야 할 자비광명들이다.
이 심명은 언어와 문자이면서 언어와 문자를 초월한 일상을 영위하게 하는 주옥같은 법문이다.
278쪽. 12,000원

17. 주머니 속의 심경

반야심경은 부처님이 설하신 경 중에서도 절제된 경으로 으뜸가는 경이다. 대원선사의 선송(禪頌)도 그 뜻을 따라 간략하나 선의 풍미를 한껏 담고 있다. 하루에 한 소절씩을 읽고 참구한다면 선 수행의 지름길이 될 것이다.
84쪽. 5,000원

18. 바로보인 법성게

법성게는 한마디로 화엄경의 핵심부를 온통 훤출히 드러내놓은 게송이다. 짧은 글 속에 일체의 법을 이렇게 통렬하게 담아놓은 법문도 드물 것이다.
이렇게 함축된 법성게 법문을 대원선사가 속속들이 밀밀하게 설해놓았다.
176쪽. 10,000원

19. 달다 - 전강 대선사 법어집

이제는 전설이 된 한국 근대선의 거목인 전강 선사님의 최상승법과 예리한 지혜, 선기로 넘쳤던 삶이 생생하게 담겨 있는 전강 대선사 법어집〈달다〉!
전강 대선사님의 인가 제자인 대원선사가 전강 대선사님의 법거량과 법문, 일화를 재조명하여 보였다.
368쪽. 15,000원

20. 기우목동가

그 뜻이 심오하여 번역하기 어려웠던 말계 지은 선사의 기우목동가!
대원선사가 바른 뜻이 드러나도록 번역하고, 간결한 결문과 주옥같은 선송으로 다시 보였다.
146쪽. 10,000원

21. 초발심자경문

이 초발심자경문은 한문을 새기는 힘인 문리를 터득하게 하기 위하여 일부러 의역하지 않고 직역하였다. 대원선사의 살아있는 수행지침도 실려 있다.
266쪽. 10,000원

22. 방거사어록

방거사어록은 선의 일상, 선의 누림을 보여주는 대표적인 선문이다. 역저자인 대원선사는 방거사어록의 문답을 '본연의 바탕에서 꽃피우는 일상의 함'이라 말하고 있다. 법의 흔적마저 없는 문답의 경지를 온전하게 드러내 놓은 번역과, 방거사와 호흡을 함께 하는 듯한 '토끼뿔'이 실려 있다.
306쪽. 15,000원

23. 실증설

이 책은 대원선사가 2010년 2월 14일 구정을 맞이하여 불자들에게 불법의 참뜻을 보이기 위해 홀연히 펜을 들어 일시에 써내려간 법문을 모태로 하였다. 실증한 이가 아니고는 설파할 수 없는 성품의 이치를 자문자답과 사제간의 문답을 통해 1, 2, 3부로 나눠 실증하여 보이고 있다.
224쪽. 10,000원

24. 하택신회대사 현종기

육조대사의 법이 중국천하에 우뚝하도록 한 장본인, 하택신회대사의 현종기. 세간에 지해종도(知解宗徒)로 알려져 있는 편견을 불식시키는 뛰어난 깨달음의 경지가 여기에 담겨있다. 대원선사가 하택신회대사의 실경지를 드러내고 바로보임으로써 빛냈다.
232쪽. 10,000원

25. 불조정맥 - 韓·英·中 3개국어판

석가모니불로부터 현 78대에 이르기까지 불조정맥진영(佛祖正脈眞影)과 정맥전법게(正脈傳法偈)를 온전하게 갖춘 최초의 불조정맥서. 대원선사가 다년간 수집, 정리하여 기도와 관조 끝에 완성한 『불조정맥』을 3개국어로 완역하였다.
216쪽. 20,000원

26. 바른 불자가 됩시다

참된 발심을 하여 바른 신앙, 바른 수행을 하고자 해도, 그 기준을 알지 못해 방황하는 불자님들을 위해 불법의 바른 길잡이 역할을 하도록 대원선사가 집필하여 출간하였다.
162쪽. 10,000원

27. 누구나 궁금한 33가지

21세기의 인류를 위해 모든 이들이 가장 어렵고 궁금해 하는 문제, 삶과 죽음, 종교와 진리에 대한 바른 지표를 제시하고자 대원선사가 집필하여 출간하였다.
180쪽. 10,000원

28. 108진참회문 - 韓·英·中 3개국어판

전생의 모든 악연들이 사라져 장애가 없어지고, 소망하는 삶을 살게 하기 위해 대원선사가 10계를 위주로 구성한 108 항목의 참회문이다. 한 대목마다 1배를 하여 108배를 실천할 것을 권한다.
170쪽. 15,000원

29. 달마의 일할도 허락지 않는다

대원선사의 짧고 명쾌한 법문집.
책을 잡는 순간 달마의 일할도 허락지 않는 선기와 맞닥뜨리게 될 것이다. 때로는 하늘을 찌를 듯한 기세와, 때로는 흔적 없는 공기와도 같은 향기를 일별하기를…
190쪽. 10,000원

30. 마음대로 앉아 죽고 서서 죽고

생사를 자재한 분들의 앉아서 열반하고 서서 열반한 내력은 물론 그분들의 생애와 법까지 일목요연하게 수록해놓았다.
446쪽. 15,000원

31. 화두 3개국어판 - 韓·英·中

『화두』는 대원선사의 평생 선문답의 결정판이다. 생생하게 살아있는 선(禪)을 한·영·중 3개국어로 만날 수 있다. 특히 대원선사의 짧은 일대기가 실려 있어 그 선풍을 음미하는 데에 큰 도움을 주고 있다.
440쪽. 15,000원

32. 바로보인 간당론

법문하는 이가 법리를 모르고 주장자를 치는 것을 눈먼 주장자라 한다. 법좌에 올라 주장자 쓰는 이들을 위해서 대원선사가 간당론에서 선리(禪理)만을 취하여 『바로보인 간당론』을 출간하였다.
218쪽. 20,000원

33. 완전한 우리말 불공예식법

부처님께 공양을 올리고 불보살님의 가피를 구하는 예법 등을 총칭하여 불공예식법이라 한다. 대원선사가 이러한 불공예식의 본뜻을 살려서 완전한 우리말본 불공예식법을 출간하였다.
456쪽. 38,000원

34. 바로보인 유마경

유마경은 불법의 최정점을 찍는 경전이라 할 것이니, 불보살님이 교화하는 경지에서의 깨달음의 실경과 신통자재한 방편행을 보여주는 최상승 경전이다. 대원선사가 〈대원선사 토끼뿔〉로 이 유마경에 걸맞는 최상승법을 이 시대에 다시금 드날렸다.
568쪽. 20,000원

35. 실증설
5개국어판 - 韓·英·佛·西·中

대원선사가 불법의 참뜻을 보이기 위해 홀연히 펜을 들어 일시에 써내려간 실증설! 실증한 이가 아니고는 설파할 수 없는 도리로 가득한 이 책이 드디어 영어, 불어, 스페인어, 중국어를 더하여 5개국어로 편찬되었다.
860쪽. 25,000원

36. 누구나 궁금한 33가지
3개국어판 - 韓·英·中

누구라도 풀어야 할 숙제인 33가지의 의문에 대한 답을 21세기의 현대인에게 맞는 비유와 언어로 되살린 『누구나 궁금한 33가지』가 한글, 영어, 중국어 3개국어로 출간되었다.
408쪽. 15,000원

37. 달마의 일할도 허락지 않는다
3개국어판 - 韓·英·中

대원선사의 짧고 명쾌한 법문집인 『달마의 일할도 허락지 않는다』가 한글, 영어, 중국어 3개국어로 출간되었다. 전세계에서 유일하게 활선의 가풍이 이어지고 있는 한국, 그 가운데에서도 불조의 정맥을 이은 대원선사가 살활자재한 법문을 세계로 전하고 있는 책이다.
308쪽. 15,000원

38. 화엄경 (전81권)

대원선사는 선문염송 30권, 전등록 30권을 모두 역해하여 세계 최초로 1,463칙 전 공안에 착어하였다. 이러한 안목으로 대천세계를 손바닥의 겨자씨 들여다보듯 하신 불보살님들의 지혜와 신통으로 누리는 불가사의한 화엄세계를 열어 보였다.
220쪽. 각권 15,000원

39. 법성게 3개국어판 - 韓·英·中

법성게는 한마디로 화엄경의 핵심부를 훤출히 드러내놓은 게송으로 짧은 글 속에 일체 법을 고스란히 담아 놓았다. 대원선사의 통쾌한 법성게 법문이 한영중 3개국어로 출간되었다.
376쪽. 15,000원

40. 정법의 원류

『정법의 원류』는 불조정맥을 이은 정맥선원의 소개서이다. 정맥선원은 불조정맥 제77조 조계종 전강 대선사의 인가 제자인 대원 전법선사가 주재하는 도량이다. 『정법의 원류』를 통해 정맥선원 대원선사의 정맥을 이은 법과 지도방편을 만날 수 있다.
444쪽. 20,000원

41. 바로보인 도가귀감

도가귀감은, 온통인 마음(一物)을 밝혀 회복함으로써, 생사를 비롯한 모든 아픔과 고를 여의어, 뜻과 같이 누려서 살게 하고자 한 도교의 뜻을, 서산대사가 밝혀놓은 책이다. 대원선사가 부록으로 도덕경의 중대한 대목을 더하고, 그 대목대목마다 결문(決文)하였다.
218쪽. 12,000원

42. 바로보인 유가귀감

유가귀감은 서산대사가 간추려놓은 구절로서, 간결하지만 심오하기 그지없으니, 간략한 구절 속에서 유교사상을 미루어볼 수 있게 하였다. 대원선사가 그 뜻이 잘 드러나게 번역하고 그 대목대목마다 결문(決文)하였다.
236쪽. 15,000원

43. 바로보인 전등록 (전30권)

7불로부터 52세대까지 1,701명 선지식의 깨달음의 진수가 담긴 전등록 30권에 농선 대원 선사가 선리(禪理)의 토끼뿔을 더해 닦아 증득하는데 도움이 되도록 하였다.
288쪽. 각권 15,000원

농선 대원 선사 법문 mp3 주문 판매

* 천부경 : 15,000원
* 신심명 : 30,000원
* 현종기 : 65,000원
* 기우목동가 : 75,000원
* 반야심경 : 1회당 5,000원 (총 32회)
* 선가귀감 : 1회당 5,000원 (총 80회)

* 금강경 : 40,000원
* 법성게 : 10,000원
* 법융선사 심명 : 100,000원

농선 대원 선사 작사 CD 주문 판매

* 가슴으로 부르는 불심의 노래 1,2,3집
  각 : 1만 5천원
* 유튜브에서 채널 구독하시고 무료로
  찬불가 앨범을 감상하세요

주문 문의 ☎ 031-534-3373

유튜브에서 채널 구독하시고
무료로 찬불가 앨범을 감상하세요

유튜브에서 MOONZEN을 검색하시거나
아래의 주소로 접속해주세요

http://www.youtube.com/user/officialMOONZEN